CONVERSION

DES

DETTES DE LA DAÏRA SANIEH

DE S. A. LE KHÉDIVE D'ÉGYPTE

MISSION DE MM. JOZON ET SANDARS

Contrats des 12 et 13 Juillet 1877

PARIS

IMPRIMERIE ADMINISTRATIVE DE PAUL DUPONT

41, RUE JEAN-JACQUES-ROUSSEAU

—

1878

CONVERSION

DES

DETTES DE LA DAÏRA SANIEH

DE S. A. LE KHÉDIVE D'ÉGYPTE

Mission de MM. Jozon et Sandars

Contrats des 12 et 13 Juillet 1877

PARIS
IMPRIMERIE ADMINISTRATIVE DE PAUL DUPONT,
RUE JEAN-JACQUES-ROUSSEAU, 41.

1877

TABLE DES MATIÈRES

	Pages.
I. — EXPOSÉ	3
II. — PROPOSITIONS PRIMITIVES DU VICE-ROI	9
Lettre de MM. Goschen et Joubert à S. A (18 nov. 1876)	9
Réponse de S. A. (18 nov. 1876)	11
III. — MISSION DE MM. JOZON ET SANDARS EN ÉGYPTE	13
Lettre de M. le Gouverneur Fremy à M. Jozon	13
Lettre de M. le Gouverneur Renouard à M. Jozon	16
Rapport de M Jozon (mars 1877)	18
1° *Situation financière de la Daïra*	19
2° *Droits respectifs des diverses catégories de créanciers de la Daïra Sanieh.*	28
3° *Que peuvent produire les droits des créanciers de la Daïra Sanieh, s'ils les font valoir en justice ?*	33
4° *Que peuvent espérer obtenir les créanciers de la Daïra, s'ils essaient de conclure un arrangement amiable avec le Khédive ?*	36
Projet de loi sur les concordats en matière civile	49
Rapport de M. Thomas C. Sandars (mars 1877)	51
1° *Domaines de la Daïra Sanieh*	55
Hypothèque de 1870	60
Revenus passés, présents et futurs	61
2° *Domaines de la Daïra Khassa*	66
IV. — NÉGOCIATIONS ET CONFÉRENCES A PARIS ET A LONDRES	68
Adoption des bases d'un arrangement	68
Procès-verbaux du Conseil d'administration du Crédit foncier,	
Séance du 11 avril 1877 (Extraits)	70
Séance du 25 avril 1877 (Extraits)	72
Meeting des créanciers de la Daïra (3 mai 1877)	74
Discours du T. H^e Geo. J. Goschen, M. P.	77
Résolutions du Meeting	88
V. — CONTRAT DU 12 JUILLET 1877 (*Conversion des dettes de la Daïra*)	90
CONTRAT DU 13 JUILLET 1877 (*Majoration allouée aux Bons*)	102

CONVERSION

DES

DETTES DE LA DAÏRA SANIEH

DE S. A. LE KHÉDIVE D'ÉGYPTE

I

EXPOSÉ

Le décret du 7 mai 1876, intitulé : *Décret d'unification des Dettes égyptiennes*, suivant d'ailleurs, à cet égard, les indications contenues dans le rapport de M. Stephen Cave, du 23 mars 1876 (1), réunissait,

<small>Décret du 7 mai 1876 (Réunion des dettes de la Daïra aux dettes de l'État.)</small>

---

(1) « L'annuité destinée aux intérêts et à l'amortissement de la Dette serait, pour une période de 50 ans et avec 7 0/0 d'intérêt, de 5,434,425 livres sterling ; mais les Emprunts et la Dette flottante de la Daïra se trouvant englobés dans l'opération, une portion de cette annuité retomberait sur le Domaine privé du Khédive; comme elle représenterait une somme de 672,608 livres sterling, il ne restera que 4,761,817 livres sterling à fournir par l'État lui-même. »

« L'emprunt seul de la Daïra, indépendamment de la Dette flottante, coûte au Khédive 668,000 livres sterling par an, de sorte qu'il est facile à son Domaine privé de supporter ces 673,000 livres sterling, comme le prouvent les comptes de la Daïra »

(Rapport de M. STEPHEN CAVE, adressé au *comte de Derby* le 23 mars 1876, publié à Londres, le 3 avril 1876, et distribué le même jour aux deux Chambres du Parlement anglais. (Traduction publiée par l'*Économiste français*, le 8 avril 1876.)

par ses articles 1 et 2, la Dette Emprunt et la Dette flottante de la Daïra Sanieh à la Dette de l'État, en imposant, par son article 2, à la Daïra Sanieh, l'obligation de verser annuellement à la caisse de la Dette publique, la somme de 684,411 livres sterling, représentant sa part proportionnelle dans l'annuité nécessaire au service total de la Dette, pour annuités et amortissement.

Cette partie du décret du 7 mai fut attaquée par l'opinion anglaise. L'idée-mère du projet auquel s'arrêtèrent le très-honorable George J. Goschen, ancien ministre de Sa Majesté, membre du Parlement anglais, et M. Edmond Joubert, vice-président du Conseil d'administration de la Banque de Paris et des Pays-Bas, délégués par les créanciers anglais et français, au mois d'octobre 1876, pour arriver à un arrangement définitif, fut de diminuer le stock de 91 millions de livres sterling, auquel le décret du 7 mai (art. 1er) avait porté la Dette générale unifiée d'Égypte.

Décret du 18 novembre 1876 (Séparation des dettes de la Daïra des dettes de l'État.)

Dans le nouveau décret du 18 novembre 1876, rendu d'accord avec MM. Goschen et Joubert, après leurs négociations en Égypte, le stock de la Dette unifiée d'Égypte n'est plus que de 59 millions de livres sterling, au lieu de 91 millions de livres sterling.

Les prélèvements, qui expliquent cette différence, consistent principalement dans :

Les emprunts courts de 1864, 1865 et 1867 . . . . £	4.392.616	
La création des fonds privilégiés des chemins de fer et du port d'Alexandrie	17.000.000	
La diminution des majorations.	4.135.930	
Et enfin les deux Dettes de la Daïra :		
Dette consolidée de la Daïra . . . . £ 5.909.280		
Dette flottante de la Daïra 2.906.151		
	8.815.431	8.815.431

(*Art. 5 du décret du 18 novembre 1876.*)

Et l'article 1er du décret du 18 novembre 1876 est, en conséquence, ainsi conçu :

« Les Dettes de la Daïra sont séparées des Dettes de l'État,
« et ne rentrent pas dans l'unification de la Dette publique
« générale.

« Ces Dettes feront l'objet d'un arrangement spécial. »

Mais, tout en jugeant nécessaire cette séparation des Dettes de la Daïra et des Dettes de l'État, MM. Goschen et Joubert considéraient cependant l'arrangement des Dettes de la Daïra comme formant une partie de la mission qu'ils avaient bien voulu accepter, et ils étaient loin d'abandonner cette partie de la tâche qu'ils avaient si généreusement assumée.

M. Goschen, lors de son retour d'Egypte, s'exprimait ainsi au Meeting des porteurs de valeurs égyptiennes, tenu à Londres, le 28 novembre 1876, sous la présidence du très-honorable Edward Pleydell-Bouverie :

Meeting général du 28 novembre 1876 Discours de M. Goschen. Exposé des propositions du Khédive.

« La plupart d'entre vous savent déjà que l'Emprunt de la Daïra n'a
« pas été compris dans l'arrangement général. Il y a eu plusieurs rai-
« sons pour lesquelles il a été impossible de l'y comprendre :

« En premier lieu, l'attitude d'une certaine partie des intéressés en-
« levait presque toute espérance d'obtenir, pour aucun projet, une adhé-
« sion unanime. La question était portée devant les tribunaux ; un grand
« nombre de créanciers croyaient que les jugements qu'ils avaient ob-
« tenus les mettraient à même de recouvrer leurs créances en totalité,
« et vouloir comprendre la Daïra dans l'arrangement général, ç'aurait
« été compromettre l'arrangement tout entier. Dès notre arrivée, nous
« avons désiré vivement obtenir du Vice-Roi, soit des propositions, soit
« son autorisation de faire nous-mêmes un projet pour l'arrangement
« des affaires de la Daïra, c'est-à-dire de son domaine privé ; mais pen-
« dant toute la première partie de notre séjour en Egypte nous avons
« éprouvé une grande difficulté à obtenir du Vice-Roi une déclaration
« quelconque, au sujet de la Daïra. C'est vers la fin de notre visite qu'on
« nous a priés de tâcher de faire un plan intéressant la Daïra ; mais
« nous n'avons reçu les chiffres, qui pouvaient nous permettre de juger
« de la richesse des ressources du domaine privé du Vice-Roi, que
« pendant les deux ou trois jours qui précédèrent notre départ, et il ne
« nous restait plus le temps d'examiner un actif de cette importance ;
« mais nous avons eu, sur la matière, deux ou trois conversations très-
« importantes avec le Vice-Roi, et voici ce que je puis appeler l'esquisse
« de l'offre que fait le Vice-Roi aux porteurs de l'Emprunt de la Daïra
« de 1870, et aux titulaires de la Dette flottante. Ce qu'il nous a dit
« ceci :

« J'abandonnerai tout mon domaine privé aux créanciers; je
« consentirai à ce qu'il soit placé entre les mains de *trustees* dont
« deux seront des Européens, nommés par les créanciers, et le
« troisième un Egyptien, nommé par moi-même. Ces *trustees* en-
« caisseront la totalité des revenus de mon domaine privé; ils
« fixeront, pour la Dette, l'intérêt qui, d'après eux, ne dépassera
« pas ce que le domaine peut supporter, et ce qui, dans les re-
« venus, dépasserait cet intérêt, servira comme fonds d'amortisse-
« ment à éteindre la Dette. Je ne prétends pour moi-même à au-
« cune portion des revenus.

« Le Vice-Roi terminait cet exposé en disant :

« Puis-je faire plus que de livrer la totalité de mon domaine
« aux créanciers? (1). »

Telles ont été ses offres. « Je devrai les soumettre à une réunion des
« porteurs de l'emprunt de la Daïra qui devra être convoquée. La posi-
« tion est donc celle-ci, que le Vice-Roi dit : « Prenez tout ce qui me
« revient et administrez-le par des *trustees* pour le compte des créan-
« ciers. » Mais il sera nécessaire de se livrer à un examen des comptes
« pour savoir quel intérêt peut être payé.— Messieurs, cet emprunt de la
« Daïra n'est pas renfermé dans nos arrangements, mais j'ai cru
« qu'il était important d'exposer d'une façon générale, et à grands traits,
« les offres du Vice-Roi. »

(*Mission of the Right. Hon. G. J. Goschen. M. P.*, p. 25.)

C'est dans ce même Meeting que M. Goschen, parlant de ce qu'il
espérait pouvoir appeler « le succès de sa mission en Égypte, » disait :

« J'ai été aidé par beaucoup de circonstances ; j'avais avec moi un
« collègue qui possédait la confiance des créanciers français, et laissez-
« moi,— ce sera seulement un acte de justice — rendre hommage à la
« droiture, à l'énergie, au courage, à l'habileté et à la parfaite bonne
« humeur avec lesquels mon collègue, M. Joubert, m'a aidé, et qu'il a
« portés dans nos communs travaux, depuis le premier jour, jusqu'au
« dernier.

---

(1) Voir ci-après, p. 9 à 12 les lettres échangées entre S. A. le Khédive et
MM. Goschen et Joubert, le 18 novembre 1876.

« Nous avions ensuite l'avantage, qui peut-être se montrait pour la
« première fois en Égypte, qu'il n'existait pas de rivalité, entre les Anglais
« et les Français. »

M. Goschen fut fidèle à sa promesse et réunit à Londres, le 12 décembre 1876, dans un Meeting particulier, les créanciers de la Daïra, sous la présidence de Richard Biddulph Martin, Esq.

Il expliqua que, suivant lui, la séparation entre les dettes de la Daïra et les dettes de l'Etat avait été demandée de tous les côtés : d'une part, par les créanciers de l'Etat qui prétendaient qu'il était injuste d'introduire dans le passif de l'Etat un élément nouveau et imprévu, et de mettre à la charge du Trésor public les dettes personnelles du Souverain; d'autre part, par les créanciers de la Daïra qui tenaient à conserver à leurs titres le caractère de créances sur un particulier, ayant pour gages les revenus d'un domaine et placées sous la protection des tribunaux.

M. Goschen reproduisit les offres faites par le Vice-Roi et exprima la pensée que ces offres ne pourraient être appréciées et un arrangement conclu, qu'après qu'une enquête poursuivie par des hommes compétents aurait élucidé les questions économiques et légales qui s'attachaient à la Daïra et à son passif.

Apprécier la consistance et les revenus de la Daïra Sanieh et de la Daïra Khassa que le Vice-Roi offrait de réunir à la Daïra Sanieh, comparer et concilier les droits respectifs des porteurs de l'Emprunt consolidé de 1870 et des porteurs de la Dette flottante, telle était la double étude qui devait être accomplie avant qu'un parti pût être arrêté.

Dans ce Meeting du 12 décembre 1876, les créanciers réunis donnèrent de pleins pouvoirs à M. Goschen, et le prièrent respectueusement d'entreprendre « le règlement des deux Dettes consolidées flottantes de la
« Daïra et se consulter, à cet égard, avec ceux de ses amis que bon lui
« semblerait. »

Cette résolution fut adoptée à l'unanimité.

M. Goschen s'entendit alors avec M. Joubert, qui voulut bien consentir à représenter encore, dans cette circonstance, comme dans le règlement de la Dette de l'État, les intérêts français.

Le Crédit Foncier de France était intéressé à deux titres dans le passif

Créances du Crédit foncier contre la Daïra.

de la Daïra : d'une part, il était porteur de traites signées par la Daïra seule et s'élevant à 39,502,738 fr. 45 c.; d'autre part, une partie des traites sur le Trésor, qu'il avait dans son portefeuille, portaient, indépendamment de la signature du Trésor, Mallich, celle de la Daïra; les traites de cette nature s'élevaient à 26,348,993 fr. 14 c.

Par suite de l'intérêt considérable du Crédit Foncier engagé à ce double titre dans les créances de la Daïra, M. Joubert s'adressa au Crédit Fonicer pour lui demander de désigner un jurisconsulte chargé d'étudier en Égypte, de concert avec un jurisconsulte anglais, désigné par M. Goschen, les questions qui, d'après l'appréciation de MM. Goschen et Joubert, devaient être élucidées préalablement à toute tentative d'arrangement.

Envoi en Égypte de deux jurisconsultes.

Le Conseil d'administration du Crédit Foncier, aux termes d'une délibération, en date du 20 décembre 1876, chargea l'un de ses membres, M. Charles Mallet, d'assister en cette circonstance et pour toutes les négociations qui devaient suivre, le Gouverneur du Crédit Foncier de France.

D'accord avec M. Charles Mallet, le Gouverneur désigna M. Paul Jozon, docteur en droit, avocat au Conseil d'État et à la Cour de Cassation, ancien membre de l'Assemblée nationale.

M. Goschen désigna M. Thomas C. Sandars, barrister à Londres.

On trouvera ci-après les rapports dans lesquels ces honorables jurisconsultes ont résumé leurs travaux; ils forment les préliminaires obligés des Conventions des 12 et 13 juillet 1877.

II

PROPOSITIONS PRIMITIVES DU VICE-ROI

(Novembre 1876)

Lettre de MM. Goschen et Joubert à S. A. le Khédive d'Egypte.
18 novembre 1876.

Le Caire, 18 novembre 1876.

MONSEIGNEUR,

Selon le désir de Votre Altesse, nous venons résumer dans cette lettre, les résultats auxquels nous sommes arrivés, après l'entretien que nous avons eu l'honneur d'avoir aujourd'hui avec Elle sur les affaires de la Daïra.

Nous avons exposé que, dans la situation actuelle, les pouvoirs qui nous ont été confiés ne semblent pas nous autoriser à signer un contrat avec Votre Altesse, au nom des créanciers de la Daïra, et qu'en conséquence il nous était impossible de terminer un accord.

Nous ne pouvons donc, dans ces circonstances, que promettre à Votre Altesse de faire tous nos efforts pour persuader aux créanciers de la Daïra d'accepter les propositions suivantes, qui résultent de nos entretiens avec Votre Altesse, et que nous croyons pouvoir recommander aux intéressés :

L'attribution aux créanciers de la Daïra, porteurs des titres de l'Emprunt 1870, soit £ 5,909,280, et des titres de la Dette flottante, soit £ 2,906,151, de toutes les propriétés de la Daïra, avec constitution d'hypothèques légales et régulières ;

L'abandon de tous les revenus desdites propriétés ;

L'attribution additionnelle aux créanciers des propriétés et des revenus de la Daïra de la liste civile, s'élevant à 50,156 feddans, situés dans les Moudiriehs de Galioubieh et de Gharbieh ;

Il sera payé des intérêts jusqu'à concurrence de 8 0/0, si les revenus le permettent ;

Si les revenus dépassent la somme nécessaire pour le payement des intérêts à 8 0/0, les excédants seront employés à des amortissements annuels par voie de rachats publics.

Il sera établi une administration spéciale, indépendante, qui conduira les affaires de la Daïra et qui sera composée de trois administrateurs, dont l'un nommé par Votre Altesse et les deux autres par les porteurs de la Dette flottante et de l'Emprunt 1870. Le premier sera chargé de la partie agricole de l'administration et les deux autres de la partie industrielle et de la partie commerciale. Ces trois administrateurs formeront un Conseil qui aura à statuer sur toutes les affaires importantes concernant la Daïra.

Cette administration devra rester en fonctions jusqu'à l'amortissement complet des dettes de la Daïra.

Nous allons soumettre ces propositions aux porteurs de l'Emprunt 1870 et aux porteurs de la Dette flottante, dans le délai le plus rapproché, et nous ferons connaître immédiatement à Votre Altesse l'accueil qui aura été fait à ces propositions.

Votre Altesse peut être assurée du désir sincère que nous avons de terminer cette affaire si importante, autant dans l'intérêt propre de la Daïra que dans l'intérêt général du crédit de l'Égypte.

Nous sommes, Monseigneur, etc.

Signé : GEORGE J. GOSCHEN,
Ed. JOUBERT.

Lettre de S. A. le Khédive d'Egypte à MM. Goschen et Joubert.
18 novembre 1876.

Messieurs,

J'ai le plaisir de vous accuser réception de la lettre que vous m'avez adressée aujourd'hui sur les affaires de la Daïra et fixant les bases des propositions qui résultent des entretiens que j'ai eus avec vous.

Les bases sont les suivantes :

L'attribution aux créanciers de la Daïra, porteurs des titres de l'Emprunt 1870, soit £ 5,909,280, et des titres de la Dette flottante, soit £ 2,906,151, de toutes les propriétés de la Daïra, avec constitution d'hypothèques légales et régulières ;

L'abandon de tous les revenus desdites propriétés ;

L'attribution additionnelle aux créanciers des propriétés et des revenus de la Daïra de la liste civile, s'élevant à 50,156 feddans, situés dans les Moudiriehs de Galioubieh et de Gharbieh ;

Il sera payé des intérêts jusqu'à concurrence de 8 0/0, si les revenus le permettent ;

Si les revenus dépassent la somme nécessaire pour le payement des intérêts à 8 0/0, les excédants seront employés à des amortissements annuels par voie de rachats publics.

Il sera établi une administration spéciale indépendante, qui conduira les affaires de la Daïra et qui sera composée de trois administrateurs, dont l'un sera nommé par moi, et les deux autres par les porteurs de la Dette flottante et de l'Emprunt 1870. Le premier sera chargé de la partie agricole de l'administration et les deux autres de la partie industrielle et de la partie commerciale. Ces trois administrateurs formeront un Conseil qui aura à statuer sur toutes les affaires importantes concernant la Daïra.

Cette administration devra rester en fonctions jusqu'à l'amortissement complet des dettes de la Daïra.

Je vous remercie, Messieurs, de vouloir bien vous charger de soumettre ces propositions aux porteurs de l'Emprunt 1870 et de la Dette flottante, et je vous serai reconnaissant de le faire dans le délai le plus rapproché.

Recevez, Messieurs, les assurances de ma haute estime.

Signé : Ismaïl.

Palais d'Abdine, le 18 novembre 1876.

III

MISSION DE MM. JOZON ET SANDARS

(Janvier-mars 1877)

Lettre de M. Fremy, Gouverneur du Crédit Foncier de France, à M. P. Jozon, ancien député, avocat au Conseil d'Etat et à la Cour de Cassation. (19 janvier 1877).

CRÉDIT FONCIER DE FRANCE. — SECRÉTARIAT GÉNÉRAL

Paris, le 19 janvier 1877.

Monsieur,

MM. Goschen et Joubert ont reçu, avec mission de les transmettre aux créanciers de la Daïra, les propositions du Vice-Roi, qui consistent : 1° à confier l'administration de 350,000 feddans de terres à une commission composée de trois fonctionnaires, dont deux européens et le troisième indigène; 2° à abandonner aux créanciers les revenus de ces 350,000 feddans jusqu'à concurrence d'un intérêt de 8 0/0.

Cet intérêt de 8 0/0 ne serait d'ailleurs aucunement garanti et devrait se réduire dans la proportion des revenus produits par les 350,000 feddans.

Le Vice-Roi alléguait, en outre, que les produits des 350,000 feddans n'avaient pas dépassé, en 1874, 321,000 £, en 1875, 358,000 £ et en 1876, 392,000 £. Le Vice-Roi proposait d'ailleurs d'ajouter à ces revenus ceux d'une Daïra, dite Daïra de la liste civile, et dont le revenu annuel est de 60.000 £.

Ces propositions ont été communiquées aux créanciers; ils ne les ont pas considérées comme acceptables. En effet, il leur a paru qu'aucune justification n'était faite, quant à la véritable étendue de la Daïra, ni quant à ses revenus, qui avaient été déclarés à M. Cave s'élever à 1,088,000 £ et qui, dans tous les cas, étaient tels que le Vice-Roi croyait pouvoir prélever sur ces revenus une somme de 684,411 £, à laquelle avait été fixée la part contributive de la Daïra dans le système consacré par le décret du 7 mai, qui chargeait le Trésor public, moyennant cette contribution, de faire le service de l'intérêt alloué aux dettes de la Daïra.

Avant de prendre un parti et de soumettre au Khédive les bases d'un autre arrangement, qui leur paraîtrait de nature à être accepté par les créanciers, MM. Goschen et Joubert ont cru qu'une étude devait être faite en Egypte sur certains points et confiée à l'expérience et à la science de deux jurisconsultes familiarisés avec les questions de droit international.

M. Goschen a désigné, pour remplir cette mission, M. Sandars, avocat de Londres. M. Joubert a demandé au Crédit foncier de désigner un délégué pris dans le sein du Conseil d'administration. Le Conseil a désigné M. Ch. Mallet et, à la suite de conférences avec MM. Goschen, Joubert et Sandars, M. Mallet a demandé au Crédit foncier de désigner un avocat qui voudrait bien concourir à ces études avec M. Sandars.

Le Crédit foncier vous a prié d'accepter cette mission.

Permettez-moi d'en résumer l'objet, qui est, en quelque sorte, double :

1° — Il y a lieu de se mettre en relation avec les tribunaux et la cour d'Alexandrie, de pressentir les dispositions des magistrats, de savoir quels seraient les termes principaux d'un arrangement, que les tribunaux pourraient considérer comme donnant aux créanciers des avantages et des sûretés tels qu'ils se crussent autorisés, en droit et en équité, et au besoin par application de l'article 34 du règlement sur l'organisation judiciaire, à repousser les actions individuelles formées par les créanciers. Dans le cas où, comme on l'assure, la cour d'Alexandrie élaborerait, en ce moment, un projet de loi destiné à régler la déconfiture civile et où elle se réserverait simplement de faire à la situation du Vice-Roi l'application de cette loi, aussitôt qu'elle aurait été promulguée, il y aurait lieu de suggérer l'introduction dans cette loi nouvelle des dispositions qui pourraient être de nature à sauvegarder les droits des créanciers du Vice-Roi ;

2° — Aucune justification n'est faite, quant à la contenance de la Daïra et quant à ses revenus. Des aliénations importantes ont été consenties, en contradiction même avec les principes absolus du droit musulman, qui interdit toute donation, quand il existe des dettes. Quelle est l'importance de ces aliénations qui ne peuvent évidemment être opposées aux tiers? Quels sont enfin les revenus vrais de la Daïra, soit de la Daïra Sanich, soit de la Daïra des familles ?

Tels sont les points que vous aurez à étudier et à traiter en commun avec M. Sandars.

Recevez, Monsieur, l'assurance de tous mes sentiments de la considération la plus distinguée.

Le Gouverneur,

Signé : L. FREMY.

CRÉDIT FONCIER DE FRANCE. -- SÉCRÉTARIAT GÉNÉRAL.

Lettre de Monsieur Renouard, Gouverneur du Crédit Foncier, à Monsieur P. Jozon, au Caire.

Paris, le 26 janvier 1877.

Monsieur,

Nommé par décret du Maréchal Président de la République, en date du 23 janvier 1877, Gouverneur du Crédit foncier de France, j'ai pris connaissance de la lettre qui vous a été écrite, le 19 janvier, par mon prédécesseur et qui avait pour objet de vous donner une mission relative aux créances sur la Daïra, dont le Crédit foncier est porteur, et de définir l'objet de cette mission. Cette lettre vous avait été écrite en exécution d'une délibération du Conseil d'administration. Je m'empresse de vous faire savoir que j'en confirme pleinement toute la teneur. Bien que votre mission ne soit qu'une mission d'études et de recherches, elle n'en a pas moins, pour les intérêts des créanciers de la Daïra, comme pour les intérêts du Crédit foncier de France, la plus haute importance.

Je n'ai pas à faire ressortir de nouveau l'esprit dans lequel elle doit être remplie: permettez-moi, cependant, de vous dire que, dans mon opinion, vous avez à vous inspirer, à la fois, des droits si légitimes des créanciers et de la nécessité de maintenir et de consolider, autant que possible, les garanties créées par le décret financier du 18 novembre dernier.

Je sais, Monsieur, l'honorabilité et l'intelligence dont vous avez toujours fait preuve et qui vous ont signalé au choix de mon prédécesseur. Je ne doute pas que vous n'apportiez, dans la mission qui vous a été confiée, la prudence et la fermeté nécessaires, et je suis convaincu que j'aurai toujours à me féliciter d'avoir un représentant tel que vous.

Recevez, Monsieur, l'assurance de ma considération très-distinguée.

Le Gouverneur,

Signé : L. RENOUARD.

Monsieur Jozon, ancien député, avocat au Conseil d'Etat et à la Cour de cassation, au Caire, Scheppard's Hotel.

RAPPORT DE M. PAUL JOZON

DOCTEUR EN DROIT

Avocat au Conseil d'Etat et à la Cour de cassation,
ancien membre de l'Assemblée nationale.

(Mars 1877)

Monsieur le Gouverneur,

Votre prédécesseur m'avait confié la mission d'aller en Egypte pour y faire, conjointement avec M. Sandars, avocat anglais, désigné par M. Goschen, certaines investigations et constatations, tant de fait que de droit, destinées à établir, aussi exactement que possible, la situation légale des créanciers de la Daïra ou patrimoine particulier du Khédive. J'ai déjà eu l'honneur, dans les lettres que je vous ai écrites, de vous faire connaître ce que j'ai pu apprendre, de vous indiquer à quelle opinion je suis arrivé sur les principaux points que votre prédécesseur m'avait signalés, et de vous donner certaines explications qui me paraissent offrir de l'intérêt pour le Crédit foncier. Je crois utile, ma mission étant terminée, de préciser d'une manière définitive les réponses que je suis en mesure de faire aux questions que j'avais à examiner. Je le ferai pour plus de netteté, aussi brièvement que possible, m'en référant pour les détails à mes lettres et aux documents écrits que j'ai pu me procurer et que je vous ai remis.

Je devais particulièrement rechercher, en vue d'éclairer le Crédit foncier sur la meilleure manière de résoudre les difficultés que présente la liquidation de ses valeurs égyptiennes :

1° Quelle est la situation financière, c'est-à-dire le passif et l'actif de la Daïra du Khédive ;

2° Quels sont les droits respectifs des diverses catégories de créanciers de la Daïra (p. 28);

3° Ce que peuvent produire ces droits, si les créanciers les font valoir en justice (p. 33);

4° Ce que les créanciers peuvent espérer obtenir, s'ils essaient de conclure un arrangement amiable avec le Khédive (p. 36).

§ 1

Situation financière de la Daïra

La Daïra du Khédive ou Daïra Sanieh existait dès avant 1863, époque de l'avénement du Khédive au trône d'Egypte. Mais elle ne comprenait à ce moment qu'un actif et un passif très-restreints.

Depuis, cet actif et ce passif se sont considérablement développés.

Ils ont subi de plus, moins encore au point de vue financier qu'au point de vue juridique, des modifications tellement nombreuses et tellement compliquées qu'il serait à peu près impossible d'en rendre compte. Certaines opérations ont été communes au Gouvernement et à la Daïra Sanieh, d'autres à la Daïra Sanieh et autres Daïras du Khédive ou de sa famille. Les autres Daïras, dont l'existence à côté de la Daïra Sanieh a été une source de confusions incessantes, sont : *la Daïra de la princesse mère du Khédive*, les Daïras des autres membres de la famille du Khédive et principalement de ses femmes, de ses fils et de ses filles, Daïras plus souvent désignées dans leur ensemble sous le nom collectif de *Daïra des familles*, enfin la *Daïra Khassa* ou Daïra de la liste civile du Khédive. Cette dernière Daïra lui appartient, non comme particulier mais comme prince régnant, et elle doit passer après lui au Khédive, son successeur politique, alors même que ce nouveau Khédive ne serait pas son héritier civil.

Non-seulement certaines opérations, notamment certains emprunts, paraissent avoir été communes à la Daïra Sanieh et à une ou plusieurs autres Daïras, mais encore un certain nombre d'immeubles ont été transférés de l'une à l'autre, sans qu'on puisse s'expliquer, d'une manière satisfaisante, la cause de ces mutations.

Quoi qu'il en soit, en laissant de côté le passé, voici quelle est, pour le moment, la situation passive et active de la Daïra Sanieh :

Passif de la Daïra Sanieh.

Le passif de la Daïra Sanieh se compose de :

1° La Dette consolidée résultant de l'Emprunt de 7,142,860 £ (chiffre nominal) contracté en 1870. Cette dette s'élève encore au chiffre de . . . . 5,900,000 £ en nombre rond, correspondant au chiffre réellement versé de 4,225,000 £ et au chiffre réellement encaissé par la Khédive de 4,130,000 £. Elle produit 7 0/0 d'intérêt annuel et devait être amortie en 20 ans, soit en 1890, au moyen du payement d'une annuité supplémentaire de 2.35 0/0. Le total de l'intérêt et de l'amortissement à payer annuellement s'élevait donc à 9.35 0/0 du capital nominal, correspondant à 13.36 0/0 du capital réellement encaissé, soit pour 5,900,000 £ de capital nominal, à une somme annuelle de 551,650 £, dont 413,000 pour intérêt et 138,650 pour amortissement;

2° La Dette flottante représentée par des bons ou traites sous forme d'effets de commerce échéant, sauf quelques exceptions, du 1er septembre 1876 au 1er juin 1877. Ces bons s'élèvent en chiffre rond à . . . . . . 2,900,000 £
Conformément au droit égyptien, ils produisent, à partir de leur échéance et faute de payement, un intérêt moratoire de 12 0/0, soit, quand tous les bons seront échus, un intérêt annuel de 348,000 £. En additionnant cet intérêt avec celui auquel ont droit les porteurs de la dette consolidée on arrive au total de 761,000 £, et si l'on y joint l'annuité destinée à l'amortissement, au total de 899,650 £;

3° Des Dettes courantes : impôts non payés, appointements et salaires dus aux employés et ouvriers de la Daïra ; autres frais de la récolte de cette année, particulièrement fournitures de noir animal et autres, faites aux sucreries.

La récolte de coton de cette année a servi à payer quelques-unes de ces dettes, d'autres sont contestées par la Daïra. Spécialement, en ce qui concerne les impôts arriérés, la Daïra prétend opposer au Gouvernement certaines compensations.

On peut évaluer approximativement le total des dettes courantes de la Daïra Sanieh à . . . . 200.000 £

Ces dettes courantes n'étant point liquidées, sauf peut-être quelques exceptions sans importance, ne produisent pas d'intérêt.

Total . . . . . . 9.000.000 £

Ces trois catégories de dettes sont reconnues par la Daïra soit quant à leur existence, soit quant à leur quotité ;

4° Les Bons ou traites tirés par la Daïra Sanieh sur le Mallieh, c'est-à-dire le Trésor public, et connus sous le nom de *bons Daïra sur Mallieh*, ou *bons Daïra Mallieh*.

Ces bons ont été compris dans la conversion générale des dettes du Gouvernement, résultant du décret du 18 novembre 1876. La Daïra prétend qu'elle est dès lors dégagée de toute obligation envers les porteurs de bons Daïra Mallieh. Mais ces porteurs, loin de renoncer à exercer leurs droits contre la Daïra Sanieh, entendent au contraire les faire valoir sans aucune diminution ni restriction.

Les bons Daïra Mallieh représentent un chiffre de . . 4.000.000 £

Il existe plusieurs autres emprunts communs à la Daïra et au Gouvernement, et non encore entièrement remboursés. Mais ils ont été compris dans la conversion du 18 novembre, sans que cette mesure ait soulevé jusqu'ici de réclamation. On peut donc considérer ces emprunts comme ne faisant plus partie du passif de la Daïra.

En résumé, le passif de la Daïra comprend en chiffres ronds :

9,000,000 £ de dettes avouées et certaines, nécessitant pour le payement des intérêts une annuité totale de 761,000 £, non compris le montant de l'amortissement applicable à la dette consolidée et du capital, dès à présent exigible, des dettes flottantes et courantes.

4,000,000 £ de dettes contestées.

Actif de la Daïra-Sanieh.

D'après le Khédive, la Daïra-Sanieh ne comprendrait que des immeubles ruraux avec leurs dépendances. Ces immeubles ont une superficie de 435,000 feddans, dont 340,000 feddans en culture, et 89,000 feddans encore incultes, mais susceptibles d'être mis en culture.

Le feddan vaut un peu plus de 40 ares.

Ces terres, dont une proportion beaucoup plus considérable était inculte, il y a quelques années, ont été progressivement améliorées. L'administration de la Daïra espérait mettre, d'ici à peu, en valeur, non sans dépenses supplémentaires assez élevées, la totalité des 89,000 feddans encore incultes.

Les terres de la Daïra-Sanieh, si on laisse de côté quelques domaines isolés et de peu d'étendue, forment quatre grandes agglomérations situées dans les provinces : 1° de Garbieh ; 2° d'El-Fayoum ; 3° de Minieh et de Rhoda ; 4° d'Erment.

1° Province de Garbieh.
(Basse-Egypte).

La Daïra Sanieh y est propriétaire de 120,000 feddans, dont 80,000 en culture et 40,000 encore incultes. La mise en valeur de ces 40,000 feddans ne présenterait pas de difficultés techniques, mais elle entraînerait des dépenses assez considérables.

Les 80,000 feddans en culture ont été mis en valeur depuis peu et sont encore de qualité très-médiocre ; la Daïra en tire parti en les affermant moyennant une somme totale de 8,000 £ environ, soit 2 shillings le feddan (1).

2° Province d'El-Fayoum.

(Sorte d'oasis au sud-ouest de la Basse-Égypte et à l'ouest de la Vallée du Nil.) (2).

La Daïra Sanieh y est propriétaire de 76,000 feddans, dont 16,000 encore incultes. Sur les 60,000 feddans cultivés, 30,000 sont affermés, à des prix moyens, et 30,000 cultivés directement par la Daïra; la moitié de ces 30,000 serait, dès à présent, propre à la culture de la canne à sucre; mais, en fait, on n'en cultive guère en canne que 6,000, sur lesquels, à raison de la nécessité de laisser reposer les terres consacrées à cette culture, 3,000 seulement, ou un peu plus, sont plantés en cannes chaque année. Le reste des terres du Fayoum est cultivé en trèfle, blé, fèves, cotons, etc.

3° Provinces de Minieh et Rhoda.

(Haute-Égypte, région du Nord, ancienne Moyenne-Égypte.)

La Daïra Sanieh y est propriétaire de 183,000 feddans, dont 160,000 en culture et 23,000 encore incultes. Les 160,000 feddans en culture forment une très-longue bande de terrains riverains du Nil, d'excellente qualité, en grande partie aménagés pour la culture de la canne à sucre.

---

(1) La location a lieu, suivant l'usage, chaque année.
(Lettre du 10 février 1877).

(2) Dépression de terrain, à une certaine distance du Nil, dans laquelle les eaux de ce fleuve ont été amenées. — L'ancien lac Mœris se trouvait à l'entrée de cette province.

El Fayoum se compose de trois étages ou plateaux : le *plateau supérieur*, le plus près du Nil, celui qui reçoit le premier les eaux, a des terres de qualité moyenne ; le *plateau moyen*, qui reçoit les eaux après qu'elles ont arrosé le plateau supérieur, a des terres de première qualité ; le *plateau inférieur*, où les eaux du Nil viennent se déverser définitivement, forme une sorte de marais. — Les propriétés de la Daïra sont dans les plateaux supérieur et moyen.

(*Lettre du* 10 *février* 1877.)

Avec des dépenses relativement modérées, on achèverait de mettre ces terres en pleine valeur (1).

Dès à présent, 60,000 feddans sont affectés à la culture de la canne à sucre, dont 34,000 sont plantés en cannes cette année ; 70,000 autres feddans sont directement exploités par la Daïra et consacrés à des cultures diverses : trèfle, blé, fèves. 30,000 sont affermés à d'assez hauts prix ; 2 livres ou même 2 livres 1/2 le feddan.

4° Province d'Erment
(Haute-Égypte ; région du Sud.)

La Daïra Sanieh y est propriétaire de 47,000 feddans, dont 10,000 encore incultes. Sur les 37,000 feddans en culture, 20,000 sont propres à recevoir de la canne à sucre ; mais c'est à peine si la moitié seulement, soit 9 à 10,000 feddans, ou 5,000 feddans par an, sont actuellement consacrés à cette culture ; 19,000 feddans sont affermés à des prix moyens. Le reste est directement exploité par la Daïra et affecté à des cultures diverses (2).

La culture de la canne à sucre, là où elle est possible, est celle qui donne le rendement le plus élevé ; mais c'est aussi celle qui entraîne le plus de frais. De sorte que, à tout prendre, elle n'est pas beaucoup plus avantageuse, et quelques-uns, en petit nombre, il est vrai, contestent même qu'elle soit aussi avantageuse que les autres cultures, spécialement celles du blé ou du coton.

---

(1) Les terres des provinces de Minieh et de Rhoda constituent, dans les domaines de la Daïra Sanieh, celles qui ont le plus de valeur et le plus d'avenir.

La propriété de la Daïra, divisée en huit circonscriptions, s'étend en une longue bande de terrain, d'une manière presque ininterrompue, depuis Beni Soueff sous le 29° de lat. Nord jusqu'à Tell'aweeh, entre le 28° et le 27°. — Cette bande de terrain est riveraine du Nil à l'est, et de l'autre côté à l'ouest, elle est limitée par des canaux et des digues. Sa largeur est variable ; en général elle est assez étroite.
(*Lettre du 10 février 1877.*)

(2) Chaque circonscription agricole de la Daïra, y compris les usines qu'elle renferme, est administrée par un *Inspecteur*.

Chaque province a son *inspecteur général*, duquel relèvent les inspecteurs des circonscriptions.

Les inspecteurs généraux relèvent du *Directeur général de la Daïra Sanieh*.
(*Lettre du 10 février 1877.*)

Le Khédive a dépensé des sommes énormes pour introduire la production du sucre en Égypte, et n'en a pas retiré tous les profits qu'il en attendait. Si l'opération était à recommencer, il serait plus sage d'y renoncer. Mais, aujourd'hui, l'opinion générale est que les frais de premier établissement sont achevés, et que le revenu de ces sucreries, si l'on fait abstraction de ces frais de premier établissement, est satisfaisant et s'accroît chaque année, par suite des améliorations apportées à la culture de la canne à sucre ; le mieux serait donc d'exploiter en cannes les terres où cette culture peut donner de bons résultats (1).

Les principales constructions dépendant des 435,000 feddans de la Daïra-Sanieh consistent en *magasins* situés à Alexandrie, et en *sucreries*, savoir : 2 dans le Fayoum, 10 dans les provinces de Minieh et de Rhoda, 3 dans la province d'Erment. Le nombre de ces sucreries étant actuellement beaucoup trop considérable, pour la quantité de cannes récoltées, une partie seulement est mise en marche chaque année.

Le mobilier attaché à la Daïra-Sanieh comprend particulièrement un grand nombre de barques, destinées à transporter ses produits, ou, moyennant payement, les produits des autres terres de l'Égypte.

Il est à peu près impossible d'estimer ce que représentent en capital les 435,000 feddans compris dans la Daïra Sanieh ; en effet, la terre n'a point, en Égypte, de valeur vénale normalement appréciable comme en Europe. Suivant les circonstances, et surtout suivant les instructions données par le Gouvernement, un domaine peut se vendre à un prix

---

(1) La culture de la canne exige beaucoup de bras. Au moment de la récolte, il faut compter quatre hommes par feddan. L'emploi des machines pourrait, dans une certaine mesure, être substitué au travail des ouvriers.
(*Lettre du 10 février 1877.*)

Il existe un chemin de fer agricole et pas de chemin de terre pour le compléter. Les voitures ne peuvent circuler dans les terres à sucre coupées par des canaux et des rigoles. Les transports de cannes se font par suite jusqu'au chemin de fer, à dos de chameaux, ce qui revient fort cher et empêche de cultiver en cannes les terres un peu éloignées.
(*Lettre du 29 février 1877.*)

qui en fait ressortir le revenu à 7 0/0 ou à un prix dix fois ou vingt fois moindre.

Mais on peut estimer, d'une manière assez exacte, le revenu net des terres de la Daïra Sanieh. M. Sandars et moi, pourvus à cet égard de renseignements nombreux et sérieux, avons calculé ce que pourraient rapporter les terres de la Daïra Sanieh, soit qu'on les affermât toutes, soit qu'on les exploitât toutes directement, ou qu'on combinât de diverses façons ces deux modes d'administration, soit aussi qu'on en consacrât une partie, plus ou moins importante, à la production du sucre, du blé, du coton ou des autres denrées que ces terres peuvent donner. Nous sommes toujours arrivés sensiblement au même résultat, à savoir un revenu net annuel d'au moins 400,000 £, à la condition bien entendu que le Gouvernement égyptien n'userait pas des moyens qu'il a en son pouvoir pour entraver l'exploitation agricole, industrielle ou commerciale de la Daïra Sanieh.

Ce chiffre de 400,000 £ est à peu près conforme au chiffre de 392,000 £, que donnent pour l'année passée, c'est-à-dire pour la récolte de l'hiver 1875-1876, les comptes de la Daïra Sanieh. Mais ces comptes sont tenus d'après des procédés fort imparfaits; ils représentent plutôt des prévisions ou des approximations que des résultats acquis.

C'est donc sur d'autres éléments, spécialement sur les comptes des sucreries et sur le rendement moyen des terres de mêmes consistance et valeur que les terres de la Daïra, que nous avons établi nos calculs et notre conclusion.

Il est à observer que le revenu net de 400,000 £, auquel nous sommes arrivés, est basé sur le mode d'exploitation actuel de la Daïra Sanieh, qui laisse beaucoup à désirer; il n'est pas douteux que le revenu ne doive augmenter, si l'on parvient à substituer aux procédés actuellement en usage, des procédés meilleurs et plus perfectionnés (1).

Indépendamment des résultats à attendre de cette substitution, il est à remarquer que le rendement de la Daïra Sanieh qui, il y a quelques

---

(1) La Daïra Sanieh paye les impôts comme les autres propriétés particulières.
Elle paye également des droits d'irrigation qui sont actuellement très-peu élevés, mais il faut s'attendre à ce que ces droits subissent une augmentation.

(*Lettre du 10 février 1877.*)

années, était notablement inférieur à ce qu'il est aujourd'hui, et dépassait à peine 300,000 £, s'accroît progressivement, à mesure que les dépenses énormes faites par le Khédive, pour mettre ces terres en valeur, produisent leurs effets naturels. Ces effets sont loin d'être épuisés : il y a là pour l'avenir une nouvelle cause d'augmentation de revenu qu'il serait téméraire d'évaluer en chiffres, mais qui aura certainement son importance.

La production de la Daïra Sanieh reste naturellement soumise aux risques inhérents à toute entreprise agricole. Toutefois, ces risques sont moins grands en Égypte, à cause de la constance du climat et des saisons, que dans les régions, comme la France et l'Angleterre, à température variable suivant les années.

Outre les terres de la Daïra Sanieh, les créanciers de cette Daïra prétendent avoir des droits sur les terres de la Daïra de la princesse-mère, de la Daïra des familles et de la Daïra Khassa, spécialement sur les terres qui ont fait partie de la Daïra Sanieh et ont été transférées par elle aux autres Daïras. Il convient donc d'indiquer quelle peut être la consistance et la valeur des terres dépendant de ces trois Daïras.

En ce qui concerne la Daïra de la princesse-mère, je n'ai pu malheureusement obtenir que des renseignements très-incomplets. J'ai appris cependant que la Daïra de la princesse-mère est, après celle du Khédive, la plus considérable comme étendue territoriale. Elle comprend des terres situées dans toutes les parties de l'Égypte. Mais ces terres sont en général de médiocre qualité; c'étaient, pour la plupart, il y a quelques années, des terres incultes et désertes, et qui ont été mises en valeur à grands frais. Spécialement en ce qui concerne les terres dont la princesse-mère est propriétaire dans la Basse-Égypte, il ne faut compter que deux domaines ayant une importance réelle : le premier situé près de *Sidi-Brahim*, province de Garbieh, comprend environ 10,000 feddans, il appartient à la princesse-mère depuis quatorze ou quinze ans. Le second est le domaine de *Bir-Abou-Balah*; il est situé près d'Ismaïlia ; il appartient depuis sept ou huit ans à la princesse-mère; il se compose de 2,500 feddans environ, conquis tout récemment et à grands frais sur le désert, et d'un nombre indéfini de feddans à conquérir de la même manière. Les 2,500 feddans déjà conquis sont plantés principalement en arbres fruitiers et forestiers; il n'y a pas plus de deux ans que la terre de Bir-Abou-Balah, paye les dépenses qu'entraîne son exploitation.

La Daïra des familles, sur laquelle je n'ai également que des renseignements incomplets, comprend 432,000 feddans, dont les 7/8 sont situés dans la Basse-Égypte et dans le nord de la Haute-Égypte (ancienne Moyenne-Égypte). Ces terres sont en général d'excellente qualité; quoique fort mal administrées, elles rapportent au moins une livre et demie le feddan, soit en tout de 650,000 à 700,000 £ par an.

La Daïra de la princesse-mère et la Daïra des familles comprennent, en outre, un certain nombre de maisons et dépendances situées au Caire et à Alexandrie; les maisons et dépendances du Caire vaudraient, en capitalisant leur revenu à 7 0/0, 570,000 £ environ; celles d'Alexandrie, 375,000 £ environ.

La Daïra Khassa comprend 50,000 feddans de terres situées dans la Basse-Égypte (provinces de Galioubieh et Garbieh). Ces 50,000 feddans ont donné, dans ces dernières années, un revenu net variant de 42,000 à 63,000 £ par an. La moyenne du revenu net annuel peut être évaluée de 45,000 à 50,000 £.

§ II

Quels sont les droits respectifs des diverses catégories de créanciers de la Daïra Sanieh?

Si l'actif de la Daïra Sanieh suffisait à payer le passif, il n'y aurait pas lieu de s'occuper de la situation respective des différents créanciers et des causes de préférence que chaque catégorie de créanciers peut invoquer; mais il est loin d'en être ainsi, puisque, en supposant même que la Daïra Sanieh ne payât que l'intérêt des dettes qu'elle a contractées, sans amortissement ni remboursement des capitaux exigibles, elle ne pourrait donner à ses créanciers que 400,000 £ environ, par an, tandis qu'elle leur doit, à titre d'intérêt seulement, une somme de 761,000 £.

Dès que les créanciers sont dans la nécessité de subir une réduction soit sur les intérêts, soit sur le capital qui leur sont dus, il y a lieu de se demander si cette réduction doit être proportionnelle au montant nominal des créances de chacun d'eux, ou s'il existe des causes de préférence ou d'exclusion, au profit ou au détriment de quelques-uns d'entre eux.

En ce qui concerne les créances courantes contre la Daïra, la nature de ces créances et les privilèges que seraient fondés à invoquer les créanciers, ne permettent point de leur faire subir de réduction. Le mieux serait de les payer en argent, intégralement et aussitôt que possible, dût-on employer, à cet effet, une partie du prix de vente des sucres récoltés par la Daïra. Vous savez que ce prix, vu l'abondance de la récolte et la valeur des sucres, dépassera très-probablement le chiffre de 750,000 £. Il serait ainsi réduit, si l'on ne trouvait pas d'autres moyens de payer les dettes courantes de la Daïra, à 550,000 £.

Les créanciers de la dette consolidée invoquent, comme cause de préférence en leur faveur, les garanties que leur a promises le Khédive; ces garanties consistent dans les revenus libres de toute la Daïra et de plus dans une hypothèque spéciale sur 150,000 feddans.

La garantie sur les revenus libres de toute la Daïra me paraît n'avoir aucune valeur; c'est une de ces clauses de style qui n'ont d'autre but et d'autre effet que d'insister sur l'engagement que prend le débiteur d'affecter tous ses biens, conformément au droit commun, à l'exécution des obligations qu'il contracte. Aucune des conditions requises pour la validité soit de l'hypothèque, soit du nantissement des biens immobiliers ou mobiliers, n'a d'ailleurs été remplie. Les biens sur lesquels porterait la garantie ne sont pas même désignés d'une manière spéciale.

Cette première cause de préférence n'existe donc pas, et il n'y a pas lieu de s'y arrêter davantage.

Il n'en est pas de même de l'hypothèque spéciale sur 150,000 feddans désignés de la manière la plus précise dans un kachf ou bordereau détaillé, village par village, des terrains hypothéqués. Ce bordereau a été joint au contrat d'emprunt et a reçu, en fait, une certaine publicité; il en existe même, m'a-t-on assuré, plusieurs exemplaires dans diverses maisons de banque de France et d'Angleterre.

Les 150,000 feddans, dont il s'agit, sont situés dans les provinces de Minieh et Rhoda; ils sont composés en majeure partie de terres d'excellente qualité; ils comprennent cependant aussi quelques terres encore incultes. L'hypothèque s'étend de plus à huit sucreries édifiées sur les terrains hypothéqués.

Cette hypothèque doit-elle être considérée comme valable?

Il est certain qu'on peut très-sérieusement la contester.

On peut soutenir que l'hypothèque proprement dite n'existait pas en Égypte, en 1870, que de plus les formalités nécessaires soit pour la constitution, soit pour l'inscription de toute affectation immobilière, n'ont pas été remplies et qu'ainsi l'hypothèque serait dans tous les cas nulle en la forme.

Mais on peut répondre qu'à défaut d'hypothèque, le droit égyptien admettait, en 1870, une sorte de droit de gage ou d'affectation immobilière qui en tenait lieu et que sanctionnaient les tribunaux. (Aix, 29 novembre 1869. —)

On insisterait sur ce qu'en Égypte il est admis qu'on ne doit point trop s'attacher à la forme, mais bien au fond des choses. Au fond, dirait-on, les conditions substantielles de la validité de toute hypothèque ou affectation immobilière sont la désignation exacte des créances, la désignation exacte et spéciale des immeubles hypothéqués ou affectés, et, pour les hypothèques conventionnelles, la publicité. Dans l'espèce, ces conditions se rencontrent sinon d'une manière absolue, du moins dans une large mesure.

Des raisons tirées de l'équité et de la bonne foi, raisons très-puissantes près de la cour d'Alexandrie, viendraient corroborer les arguments empruntés à l'existence des conditions constitutives des hypothèques en général. On ne peut nier que le Khédive n'ait entendu conférer à ses créanciers une hypothèque que ceux-ci ont acceptée, qu'ils ont considérée comme valable, qui les a déterminés en partie à se dessaisir de leurs fonds. Les tiers, particulièrement les porteurs de la Dette flottante, ont connu ou pu connaître cette situation, et jusqu'à ces derniers temps, ont paru considérer l'hypothèque comme parfaitement régulière. Dans tous les cas, aucun d'eux n'en a contesté sérieusement la validité; il n'y a donc eu, de leur part, ni erreur, ni surprise, et on leur dira qu'ils semblent mal venus à contester aujourd'hui un droit qui paraissait être l'objet d'un consentement unanime.

On ne peut préjuger, au cas où la Cour d'Alexandrie se trouverait saisie de la question, quelle serait sa décision ; cependant on peut dire qu'il est non pas certain, mais assez probable, qu'elle se prononcerait en faveur de la validité de l'hypothèque.

Supposons que l'hypothèque soit déclarée valable, quels droits conférerait elle aux créanciers de 1870 ?

Conformément au droit égyptien, qui ne fait sur ce point que reproduire le droit français, les créanciers de 1870 ne pourraient invoquer aucune cause de préférence sur les revenus des biens hypothéqués, tant que ces biens ne seraient pas saisis. Leur droit de préférence ne s'exercerait qu'autant que les biens seraient saisis soit par eux, faute de payement des annuités qui leur sont dues, soit par les autres créanciers de la Daïra ; il porterait alors par préférence sur le prix de vente et sur les revenus, à partir de leur immobilisation par la transcription de la saisie.

En regard de l'hypothèque des créanciers de la Dette consolidée, les créanciers de la Dette flottante n'ont aucun droit de gage ou d'hypothèque conventionnelle à invoquer ; mais ils ont, en revanche, cet avantage considérable que leur créance est, immédiatement et sans contestation, exigible. Ils peuvent donc poursuivre la Daïra, faire prononcer à leur profit des condamnations pour le montant intégral de ce qui leur est dû en capital et intérêts ; prendre, en vertu de l'hypothèque judiciaire résultant de ces condamnations, inscription sur tous les biens de la Daïra, y compris les biens de la Daïra de la princesse-mère, des familles et Khassa, en prévision du cas où ces biens seraient déclarés plus tard faire partie du patrimoine du Khédive ; ils peuvent enfin faire saisir et vendre, faute de payement du capital et des intérêts qui leur sont dus, les biens de la Daïra.

Les créanciers de la Dette consolidée n'auraient, quant à présent, la même faculté que pour la partie de leurs créances qui est exigible, c'est-à-dire pour les annuités échues et non payées. Ils pourraient, il est vrai, demander que le capital même de leur créance fût déclaré exigible. Pareille demande a été faite, il y a quelques mois ; elle a été repoussée par les tribunaux d'Alexandrie, parce que l'insolvabilité de la Daïra ne leur a pas paru démontrée. Aujourd'hui, il serait difficile denier cette insolvabilité ; elle est notoire et entraîne, d'après les principes du droit égyptien comme du droit français (V. Dalloz, rép. v° *Oblig.*, n° 1296), la perte du terme stipulé par le débiteur.

Il n'en est pas moins vrai qu'il faudrait, aux créanciers de 1870, pour faire reconnaître et déclarer l'exigibilité de leur créance, intenter un procès, fournir des justifications, perdre du temps, quand la question de temps peut être décisive. Pendant que les créanciers de 1870 plaideraient, les créanciers de la Dette flottante inscriraient leurs hypothèques judiciaires, et se créeraient ainsi un droit de préférence sur tous les immeubles non spécialement hypothéqués aux créanciers de 1870. De plus, il y a lieu d'insister sur ce point, que les créanciers de la Dette flottante restent toujours maîtres de faire saisir et vendre, quand bon leur semblera et même en temps inopportun, les 150,000 feddans hypothéqués aux créanciers de 1870, au grand préjudice de ces derniers. Les créanciers de la Dette flottante ont donc de sérieux avantages sur les créanciers de la Dette consolidée. A tout prendre, leur position juridique est, suivant moi, préférable.

Les porteurs de bons Daïra sur Mallieh seraient, si leurs droits de créance sur la Daïra étaient reconnus, dans la même situation que les porteurs de bons de la Dette flottante. Plusieurs jugements et un arrêt des tribunaux et de la Cour d'Alexandrie leur accordent cette situation, mais parce que, en l'absence de toute concession de la part du Khédive, les tribunaux ont jugé en droit pur et ont poussé jusqu'à leurs dernières conséquences, la rigueur des principes que leur paraissait contester à tort la Daïra.

Mais aucun des jugements rendus n'est encore passé en force de chose jugée, et, si la Daïra, au lieu de continuer à soutenir que la conversion du 18 novembre constitue pour les porteurs de bons Daïra-Mallieh un payement intégral, consentait à reconnaître que cette conversion peut être considérée comme ne constituant qu'un payement partiel, il est possible que les tribunaux, satisfaits de cette concession, restreignent la qualité de créanciers et les droits des porteurs de bons Daïra-Mallieh à une part du capital nominal de ces bons. Ce ne serait alors que pour cette part que ces porteurs seraient assimilés aux porteurs de bons de la Dette flottante.

§ III.

Que peuvent produire les droits des créanciers de la Daïra Sanieh s'ils les font valoir en justice ?

Si les créanciers de la Daïra Sanieh faisaient valoir leurs droits en justice, ils n'arriveraient à aucun résultat utile et conforme à leurs intérêts.

Il leur faudrait d'abord dépenser au moins 3 0/0 du montant nominal de leurs créances en frais de procédure, d'enregistrement et d'inscription hypothécaire.

L'avantage que quelques-uns de ces créanciers croient trouver malgré tout, en s'adressant à la justice, consiste dans le fait de pouvoir revendiquer, outre les terres de la Daïra Sanieh, les immeubles des autres Daïras.

Ils comptent revendiquer particulièrement ceux de ces immeubles qui ont fait partie de la Daïra Sanieh, en soutenant qu'ils ont été aliénés par le Vice-Roi, en violation des droits de ses créanciers, à une époque où la Daïra Sanieh était déjà insolvable.

On leur répondrait que presque toutes les aliénations ont été consommées antérieurement à 1870, ou au moins à 1872 ou 1873, époque à laquelle on peut faire remonter, par suite des dépenses excessives faites alors par le Khédive pour l'étab'issement de ses sucreries, l'état d'insolvabilité de la Daïra Sanieh.

En effet, si l'on en excepte les maisons du Caire et d'Alexandrie et quelques immeubles ruraux d'une importance relativement secondaire, il faut reconnaître que les immeubles des Daïras de la princesse-mère, des familles et Khassa, ou n'ont jamais fait partie de la Daïra Sanieh, ou en ont été distraits depuis huit ou dix ans ou davantage, au moyen d'actes réguliers en la forme et même rendus publics.

Il y aurait donc fort peu de chance de faire révoquer par les tribunaux les actes de donation consentis par le Khédive, comme ayant été faits en violation des droits des créanciers et, dans tous les cas, ce ne serait qu'une faible partie des immeubles des Daïras qu'on pourrait faire rentrer de cette manière dans la Daïra Sanieh.

Les créanciers de la Daïra Sanieh pourraient, il est vrai, faire valoir, à l'appui de leurs prétentions, un autre système beaucoup plus sérieux. Ils pourraient prétendre qu'en fait le Khédive, comme chef de famille, a toujours été et est encore le seul propriétaire réel de tous les biens de diverses Daïras : que ces biens n'ont été mis que pour la forme sous les noms de sa mère, de ses femmes ou de ses enfants ; que ces attributions de propriété ne constituent tout au plus, de sa part, que des concessions à titre précaire, sinon à titre purement fictif, et qu'au fond, les biens de toutes les Daïras ne forment qu'un même patrimoine appartenant en pleine et entière propriété au Khédive.

Les moyens à développer à l'appui de ce système sont nombreux et ne manquent pas de valeur. Pendant longtemps, les administrations des diverses Daïras ont été confondues en une seule, et cette circonstance avait même trompé le public au point qu'on croyait universellement, en Egypte, à l'existence d'une seule Daïra répondant de toutes les dettes contractées par le Khédive. Lorsque, il y a deux ans environ, le Khédive sépara l'administration de la Daïra des familles de l'administration de la Daïra Sanieh, l'étonnement fut grand et l'indignation plus grande encore ; on s'imagina à tort que le Khédive divisait, pour la première fois, son patrimoine en plusieurs parties, et faisait passer les domaines les plus importants sur la tête des membres de sa famille, afin de les soustraire à ses créanciers, alors qu'il ne faisait que révéler d'une manière manifeste cette situation dès longtemps préexistante, et dont on ne s'était point rendu compte, faute de vérifications suffisantes.

Aujourd'hui encore, si l'on s'en rapporte à une opinion unanime en Egypte, l'administration des différentes Daïras est séparée plutôt en apparence qu'en réalité. Les bureaux de la Daïra Sanieh, beaucoup plus importants et mieux pourvus d'employés que les bureaux de la Daïra des familles, concentrent entre leurs mains l'administration réunie de ces deux Daïras. Les bureaux et l'administration distincts de la Daïra des familles n'existent que pour la forme.

En ce qui concerne la Daïra de la princesse-mère et les travaux à l'aide desquels on met en valeur les terres qui en dépendent, le Khédive donne directement des ordres, fait les frais des travaux, se conduit, en un mot, comme le ferait un propriétaire.

Bref, tout indiquerait qu'il n'a jamais abandonné que d'une manière partielle ou même nominale l'administration des biens appartenant à sa mère, à ses femmes et à ses enfants, et que, dans tous les cas, il en a conservé la disposition; qu'il en paye les dépenses et qu'il fixe, comme bon lui semble, l'emploi des revenus.

Mais ce n'est là, malgré tout, qu'une certitude morale, et il est douteux que les tribunaux la considèrent comme équivalente aux preuves juridiques nécessaires pour déclarer que le droit de gage des créanciers s'étend sur tout le patrimoine des Daïras, preuves juridiques qui restent, il faut bien l'avouer, ou nulles ou insuffisantes.

Admettons cependant que les tribunaux aillent jusque-là. Admettons qu'ils fassent rentrer dans la Daïra Sanieh tous les immeubles appartenant nominalement aux autres Daïras.

Admettons même que les créanciers de la Dette flottante, les plus disposés à recourir à la justice, fassent déclarer nulle l'hypothèque de 1870, ces créanciers n'en seraient pas beaucoup plus avancés.

La conclusion finale de toute la procédure, en supposant qu'il n'y eût ni incident particulier, ni résistance de fait de la part du Gouvernement, serait la saisie et la vente des biens des diverses Daïras. Mais qui les achèterait? Personne. Aucun indigène ne voudrait s'en rendre adjudicataire. On craindrait trop de s'exposer à la vengeance du Gouvernement. Les Européens ne se soucieraient pas non plus de s'aventurer dans une spéculation aussi hasardeuse. L'acquisition des immeubles ruraux aux enchères publiques n'est pas encore entrée dans les mœurs égyptiennes. Les terrains ruraux mis en adjudication, après saisie ordonnée par les nouveaux tribunaux, se sont vendus jusqu'ici à des prix dérisoires; et cependant les terres vendues appartenaient à de pauvres fellahs dont on n'avait pas à redouter la puissance. Que serait-ce si l'on mettait en vente les propriétés du Khédive? Ces propriétés, sauf quelques exceptions, seraient adjugées à des prix absolument vils. Rien ne serait plus facile au Khédive, s'il le voulait, que de les faire racheter par des prête-noms. Il les réacquerrait ainsi définitivement, en les payant au vingtième peut-être de leur valeur réelle. Et quand on aurait déduit de ce prix le montant des frais de procédure et de vente, il resterait bien peu de chose aux créanciers, s'il leur restait même quelque chose. Ce serait pour eux un désastre véritable et compl...

Est-ce à dire qu'en agissant par les voies judiciaires on ne causerait aucun tort au Khédive ? On lui causerait, au contraire, un tort énorme; des procès comme ceux que les créanciers de la Daïra poursuivraient contre lui, lui infligeraient, dans un autre ordre d'idées, autant de mal qu'aux créanciers eux-mêmes. Il ne faut pas oublier que la situation politique du Khédive est très-difficile. Les poursuites judiciaires des créanciers de la Daïra porteraient à son autorité, à son prestige, à son crédit, une atteinte considérable, peut-être irréparable.

Mais que gagneraient les créanciers du Khédive à lui porter préjudice, s'il n'en résultait pour eux que la ruine ? Absolument rien.

Les procès devant être également désastreux pour les deux parties, le plus sage, serait pour l'une et pour l'autre, de chercher à s'arranger amiablement.

§ IV.

Que peuvent espérer obtenir les créanciers de la Daïra, s'ils essaient de conclure un arrangement amiable avec le Khédive ?

Avant d'aborder la question des conditions dans lesquelles pourrait intervenir un arrangement amiable entre le Khédive et ses créanciers, trois observations sont nécessaires :

La première, c'est que le Khédive n'en est pas réduit à une situation telle qu'il soit dans l'impossibilité d'offrir à ses créanciers des conditions acceptables pour ceux-ci. Les revenus de la Daïra Sanieh, 400,000 £, ceux de la liste civile du Khédive qui s'élevaient autrefois à 600,000 £ et qu'il a consenti dernièrement à réduire à 300,000 £ payées en argent, plus les 50,000 £ provenant des terres de la Daïra Khassa, font, au total, et en supposant, ce qui n'est guère admissible, que le Khédive n'ait point d'autres ressources personnelles, 750,000 £. Il faut joindre à cette somme, les revenus des Daïras, de la princesse-mère et des familles; car il est certain, même en admettant que les Daïras de la princesse-mère et des familles n'appartiennent point en propre au Khédive, que les titulaires de ces Daïras sont tout prêts, comme ils l'ont déjà fait à plusieurs reprises, à permettre au Khédive de disposer de leurs revenus. On arrive ainsi, en joignant les revenus de ces Daïras à celles du Khédive, à un revenu de plus de 1,500,000 £. Sur ces 1,500,000 £, il faut pourvoir aux dépenses du Khédive et à celles de sa famille, il faut de plus payer les dettes, très-peu élevées d'ailleurs, de quelques membres de la famille du Khédive. Mais on voit qu'en prenant grandement la somme nécessaire pour satisfaire à ces charges, il resterait une part considérable à affecter au payement des dettes de la Daïra.

La seconde observation, c'est qu'il serait bien difficile, sinon impossible, de conclure un arrangement qui ne donnerait pas aux différents créanciers de la Daïra, au moyen d'une conversion générale, des titres de même nature. Dans tous les cas, il est certain qu'une partie des créanciers n'accepterait pas un arrangement sur d'autres bases. Il faudrait en conséquence unifier en une seule les différentes dettes de la Daïra; il convient toutefois d'en excepter les dettes courantes, qui devraient, comme je l'ai dit plus haut, être payées préalablement et immédiatement, en argent.

La troisième observation, c'est qu'un arrangement ne peut guère avoir d'efficacité qu'autant qu'il sera soumis à certaines formalités de nature à le rendre valable et exécutoire pour tous les créanciers, même ceux qui ne l'approuveraient pas.

Voyons maintenant quelles conditions devraient, soit d'après le Khédive, soit d'après ses créanciers, former les bases de l'arrangement à intervenir.

Le Khédive a offert à ses créanciers, pour le cas où ils consentiraient à s'arranger amiablement avec lui, de leur abandonner tous les revenus, et de leur abandonner en partie l'administration de la Daïra Sanieh.

Cette Daïra serait gérée par trois administrateurs, dont deux Européens, désignés par les créanciers, et plus spécialement chargés de la partie industrielle et commerciale de la gestion, et un indigène nommé par le Vice-Roi et plus spécialement chargé de la partie agricole de la gestion. Toutes les résolutions importantes seraient prises en commun et à la majorité par les trois administrateurs, de façon que la prépondérance appartiendrait, en ce qui concerne les questions et mesures les plus importantes, à l'élément européen. Les comptes de la Daïra, très-irrégulièrement dressés jusqu'ici, seraient tenus sous la surveillance des administrateurs, d'après les procédés en usage dans les maisons de commerce européennes ; et tous les revenus nets de la Daïra Sanieh seraient consacrés au payement des créanciers, en intérêts d'abord, sauf à en unifier le taux en l'abaissant, puis, s'il y avait possibilité, en capital.

Comme complément de cette proposition, le Khédive a offert d'abandonner également à ses créanciers tous les revenus nets des terres de la Daïra Khassa.

Ces offres ne sont point à dédaigner ; elles sont sérieuses, mais à la condition d'être augmentées ; car si elles ne le sont pas, elles restent insuffisantes et peuvent même devenir illusoires.

L'offre est sérieuse, en ce que les Daïras Sanieh et Khassa rapportent dès à présent 450,000 livres net par an, et en ce que, avec une administration où l'élément européen dominera, elles devront rapporter davantage.

La présence d'un administrateur indigène pour la partie agricole est nécessaire ; les indigènes peuvent seuls mener convenablement les fellahs occupés à la culture (1) ; mais les deux administrateurs européens

---

(1) On cherche souvent à mettre en jeu, pour l'opposer à l'intérêt des créanciers, l'intérêt des fellahs, dont on exagère la prétendue détresse. Un ouvrage anglais récent (juillet 1877), le livre de M. Mc Coan : *Egypt as it is*, apprécie ainsi les exagérations habituelles que l'on répand sur ce sujet :

« C'est une mode d'écrire et de parler de cette partie considérable des sujets du
« khédive, les *fellahs*, comme s'ils étaient soumis à une intolérable oppression, écra-
« sés par des taxes accablantes et enfin réduits à un état de misère qui n'aurait rien de
« comparable dans aucun autre pays. Cette exagération a, sans aucun doute, son
« origine dans les impressions superficielles d'étrangers qui, fraîchement débarqués
« de l'Europe, — où, sous l'influence d'une civilisation différente, la vie du paysan
« est arrivée à un degré de bien-être et à un état de choses totalement différent, —
« croient voir dans le vêtement succinct, dans l'alimentation d'une extrême simpli-
« cité et dans les chaumières tout à fait primitives des paysans égyptiens, la preuve
« d'une misère particulière et d'étonnants abus administratifs ; mais aucune indication
« ne pourrait être plus trompeuse : outre que tous ces traits extérieurs de la vie du
« paysan sont d'accord avec le climat et ont été, en quelque sorte, stéréotypés, d'une
« manière invariable, depuis l'époque même où ont été construites les Pyramides ; on
« peut affirmer que la condition générale des fellahs soutiendrait, de la manière la
« plus favorable, la comparaison avec celle de toutes les autres populations de
« paysans dans l'Orient. »

(EGYPT AS IT IS, by J.-C. Mc Coan.
Cassel Peter et Galpin, 1877.)

n'en conserveraient pas moins le pouvoir d'imposer les procédés et méthodes d'exploitation qui leur paraîtraient le plus convenables; ils pourraient, par exemple, décider, et il y a des raisons très-plausibles pour qu'ils décident, que toutes les terres qui ne peuvent être plantées en sucre, seraient affermées; en un mot, l'immixtion de l'administrateur indigène n'interviendrait que dans la mesure où elle est indispensable.

Quant aux terres destinées à la culture du sucre, il serait probablement difficile de les affermer; elles devraient donc être exploitées directement aux frais et pour le compte des créanciers de la Daïra. M. Sandars a plus particulièrement étudié la question de la culture du sucre en Égypte, et il doit rédiger à ce sujet un rapport détaillé, dont il m'enverra une copie que je m'empresserai de vous transmettre.

Quoiqu'il faille beaucoup d'eau et beaucoup d'ouvriers pour la culture des cannes à sucre, nous nous sommes assurés qu'on ne devrait craindre, en cas de bonne volonté du Khédive, ni le manque d'eau, ni le manque de bras. Seulement, les frais de culture devraient nécessairement être augmentés; la nouvelle administration serait en effet obligée de payer les ouvriers beaucoup plus cher que l'administration actuelle qui les réquisitionne à sa volonté.

Les frais de transport des produits de la Daïra seraient également augmentés; le Khédive a pu jouir jusqu'ici, spécialement sur les chemins de fer, d'un transport gratuit ou à prix réduit, dont la nouvelle administration ne bénéficierait pas.

Mais, en regard de ces causes d'augmentation de dépenses, il faut placer l'accroissement de revenu qui résulterait d'une administration meilleure, plus perfectionnée, plus régulière, si bien qu'à tout prendre, il y aurait lieu de compter sur un supplément assez notable de revenu net.

Les offres du Vice-Roi n'en présentent pas moins un double et grave inconvénient :

1° Elles restent insuffisantes quant à la quotité du revenu à espérer des Daïras Sanieh et Khassa. Pour ne pas s'exposer à des déceptions, il est sage de n'évaluer, quant à présent, ce revenu qu'à un taux égal à celui des dernières années, soit 440,000 livres environ. Il est probable qu'il serait supérieur; mais il pourrait aussi être inférieur. Or, ce revenu de 440,000 livres permettrait à peine, même en écartant les porteurs de bons Daïra Mallich, de donner 5 0/0 aux créanciers actuels de la Daïra, sans aucun amortissement.

2° Pour que les Daïras Sanieh et Khassa produisent ce qu'on est en droit d'en attendre, il faut que ni le Khédive, ni ses employés ne mettent obstacle à l'action de l'administration nouvelle. Or il serait bien à craindre, si le Khédive pouvait se considérer comme libéré vis-à-vis de ses créanciers, par l'abandon qu'il leur a offert tout d'abord, et s'il n'avait plus, dès lors, aucun intérêt à ce que la Daïra fût bien administrée, que les employés du Gouvernement ne se sentissent portés à nuire à cette administration ou, tout au moins, à ne pas la seconder, par exemple à retenir pour d'autres usages l'eau ou les fellahs nécessaires à la Daïra, et à la rendre ainsi improductive. Ce danger est extrêmement grave. L'administration de la Daïra pourrait, il est vrai, s'adresser aux tribunaux pour faire consacrer ses droits; mais lors même qu'elle obtiendrait des décisions favorables, elle ne pourrait les faire exécuter. Il faut donc, à tout prix, que le Gouvernement égyptien soit intéressé à la bonne administration de la Daïra Sanieh, autrement l'abandon de cette Daïra aux créanciers du Khédive, pourrait n'être qu'un leurre et les créanciers seraient exposés, à la fin de chaque année, à n'avoir qu'un revenu net insignifiant, ou même à se trouver en perte.

Pour remédier au double inconvénient qui vient d'être signalé, la plupart des créanciers avaient pensé à demander au Khédive d'affecter une partie de la Daïra des familles au payement des dettes de la Daïra Sanieh; les créanciers renonçant, par compensation, à toute prétention sur le reste de la Daïra des familles. La meilleure base de transaction, dans cet ordre d'idées, aurait été, suivant moi, la suivante :

Les créanciers auraient consenti à ne recevoir que le même traitement que ceux du Trésor égyptien, soit 7 0/0 d'intérêt, avec abandon pendant un certain temps de 1 0/0 consacré à l'amortissement, et avec une majoration de 10 0/0 en faveur de la Dette flottante.

Cet intérêt aurait été garanti d'abord par les revenus des Daïras Sanieh et Khassa, administrées conformément à la proposition du Khédive, et, en cas d'insuffisance, par les terres déjà hypothéquées de la Daïra des familles.

Ces terres forment une partie considérable de la Daïra des familles, à savoir 276,000 feddans hypothéqués comme garantie de l'emprunt contracté par la Daïra du Khédive, en 1865. L'Emprunt de 1865 doit être amorti en 1881. Il est expliqué, dans le décret de conversion du 18 novembre, que cet Emprunt est mis à la charge du Gouvernement et cesse d'être à la charge de la Daïra.

Il n'y aurait eu rien d'exorbitant à demander à la Daïra des familles de faire de nouveau ce qu'elle avait déjà fait une première fois, c'est-à-dire de venir, par une affectation hypothécaire, au secours de la Daïra Sanieh. Non-seulement, il n'y avait rien là d'exorbitant, mais ç'aurait été un grand avantage pour les créanciers de la Daïra de se rattacher, sur cette question des garanties comme sur la question du taux de l'intérêt, à un précédent incontestable. Leur position en serait devenue beaucoup plus solide et toute discussion se rattachant à des questions de mesures, d'appréciations et de fixation de la suffisance de l'hypothèque, discussions qui présentent toujours de sérieuses difficultés, auraient été évitées.

Une seconde hypothèque sur les 276,000 feddans hypothéqués jusqu'en 1881, à la garantie d'un emprunt qui va être amorti, aurait presque la valeur d'une première hypothèque. Ces 276,000 feddans donnent un revenu annuel supérieur à 300,000 £. Ce revenu aurait été largement suffisant pour assurer aux créanciers de la Daïra Sanieh une annuité d'au moins 7 0/0. Et l'intérêt puissant qu'aurait eu le Khédive, qui aime beaucoup sa famille, à faire que la Daïra des familles contribuât aussi peu que possible au payement des créances de la Daïra Sanieh, l'aurait poussé à favoriser de tous ses efforts la bonne administration des terres des Daïras Sanieh et Khassa.

On aurait pu d'ailleurs, pour plus de sûreté, demander que l'hypothèque portât aussi sur certains biens ayant appartenu autrefois au prince Halim et au prince Mustapha-Pacha, qui sont compris aujourd'hui dans la Daïra des familles. Ces biens sont hypothéqués dans les mêmes conditions que les 276,000 feddans mentionnés plus haut, pour sûreté de deux emprunts, l'un de 310,000 £ contracté en 1863, l'autre de 2,080,000 £ contracté en 1867. Ces deux emprunts ont été, comme l'Emprunt de 1865, repris par le Gouvernement; ils doivent être entièrement amortis, le premier en 1878, le second en 1881.

Malheureusement, il aurait fallu, comme première condition pour que ces demandes fussent acceptées par le Khédive, qu'une entente définitive eût été établie entre les différentes catégories de créanciers, et ce résultat si désirable n'a pu, vous le savez, être obtenu au moins jusqu'à présent.

Le Khédive en a profité pour refuser de faire aux créanciers de la Daïra une situation égale à celle des créanciers du Gouvernement, et il s'est borné à offrir, comme supplément de garantie, une somme de 100,000 £ à prendre sur la liste civile de 300,000 £ qui lui est payée par le Gouvernement.

Cette offre supplémentaire du Khédive a sa valeur ; elle présente même, d'un certain côté, un avantage que ne saurait donner une garantie hypothécaire. Une garantie hypothécaire, en supposant qu'il y ait mauvaise volonté et résistance de la part des débiteurs hypothécaires, se résoudrait en une action judiciaire, avec tous les inconvénients qui s'attachent à ce genre d'action et qui caractérisent, particulièrement en Égypte, la saisie et la vente des immeubles. Au contraire, la subvention offerte par le Khédive, consistant en une somme d'argent à prendre sur le Trésor public, serait payée régulièrement et chaque mois, sans contestation possible, par la caisse de la dette publique, et comme cette caisse ne devrait la payer que tant que les revenus des Daïras Sanieh et Khassa ne suffiraient pas à couvrir les intérêts et l'amortissement convenus, les commissaires de la dette, intéressés à rapprocher le moment où la subvention deviendrait inutile, seraient amenés indirectement à contrôler la gestion et la comptabilité de la Daïra, ce qui constituerait un précieux avantage pour les créanciers. Mais, en regard de cet avantage, la combinaison proposée par le Vice-Roi offre encore de bien grands inconvénients. Ces inconvénients sont au nombre de trois principaux :

1° La somme à laquelle on arrive en ajoutant au revenu annuel des deux Daïras Sanieh et Khassa les 100,000 £ empruntées à la liste civile, soit 540,000 £ par an, suffit à peine pour assurer aux créanciers des dettes consolidée et flottante des intérêts payés sur le pied de 6 0/0 ; il suffirait donc, sans parler de la part à faire aux porteurs de bons Daïra sur Mallieh, d'une mauvaise récolte pour que l'intérêt payé tombât à 5 0/0 ou au-dessous ;

2° Le Khédive ne serait pas suffisamment intéressé à la bonne administration des deux Daïras ; il pourrait encore, à la charge par lui d'abandonner chaque année ses 100,000 £ de subvention, entraver ou laisser entraver par les agents du Gouvernement l'action des administrateurs des deux Daïras, de façon que celles-ci ne produisissent presque rien, ou même absolument rien, et que les créanciers ne touchassent, en tout et pour tout, que 100,000 £, ou environ 1 0/0 d'intérêt ;

3° En abandonnant à ses créanciers 100,000 £ sur la liste civile, comme aussi en leur abandonnant les terres de la Daïra Khassa qui sont une partie de la liste civile, le Khédive leur abandonne ce qui ne lui appartient pas en propre. Cet abandon pourrait être contesté dès à présent par les créanciers du Gouvernement ; il pourrait l'être d'une manière beaucoup plus dangereuse, quelle que fût d'ailleurs la forme employée pour opérer la cession, si le Khédive venait à cesser d'être prince régnant d'Egypte, puisqu'il n'a droit au revenu de la liste civile qu'à titre de prince régnant, et qu'il ne peut conférer aux autres sur ce revenu plus de droits qu'il n'en a lui-même.

Il faudrait tout au moins, en supposant que les créanciers de la Daïra fussent amenés à consentir une réduction d'intérêt et à toucher moins de 7 0/0, que l'annuité nécessaire pour les payer fût garantie d'une manière plus énergique, qu'elle fût garantie soit sur une portion de la Daïra des familles, soit sur toute la liste civile du Khédive, avec un recours éventuel et subsidiaire sur la Daïra des familles, pour le cas où la garantie sur la liste civile du Khédive deviendrait inefficace.

Mon opinion personnelle est que si MM. Goschen et Joubert, et les créanciers français et anglais étaient d'accord pour présenter en commun au Khédive des demandes conformes à ces bases, celui-ci n'oserait les refuser. Peut-être serait-on forcé, dans ce cas, d'abaisser, par égard pour les tendances des créanciers anglais, à 6 0/0, sans amortissement obligé, le taux de l'intérêt à payer aux créanciers de la Daïra, mais à la condition que les créanciers anglais, par compensation, se joignissent franchement aux créanciers français pour exiger un supplément de garanties.

Il y a lieu, dans cet ordre d'idées, de rechercher quelle somme totale représenterait ce taux de 6 0/0 d'intérêt ?

Pour répondre à cette question, il faut d'abord se demander pour quelle somme chaque catégorie de créanciers devrait être comprise dans le passif de la Daïra.

n'ai pas besoin de vous rappeler que des raisons décisives, et que vous connaissez trop bien pour que je les reproduise, s'opposent à ce que les créanciers de la Dette flottante, ou même les créanciers français de la Dette consolidée, soient disposés à accepter aucun « preference stock » au profit des porteurs de la Dette consolidée.

Ce qu'on peut concéder à ceux-ci, c'est qu'ils soient admis au passif de la dette unifiée pour le montant intégral de la valeur nominale de leurs créances, quoiqu'ils n'en aient payé à l'origine que les 3/4 environ, de sorte qu'en touchant un intérêt de 6 0/0 sur le montant nominal de leurs créances, ils toucheraient encore un intérêt de 7 1/2 sur la somme réellement versée par eux.

Les créanciers de la Dette flottante réclament, de leur côté, et particulièrement en raison de cette circonstance qu'ils ont versé au Khédive le montant intégral de ce qui leur est dû, une bonification de 25 0/0. Le Khédive leur offre une bonification de 10 0/0. Je crois qu'en bonne justice, et tant au point de vue juridique qu'au point de vue de l'équité, leur situation est réellement préférable à celle des porteurs de la Dette consolidée et qu'en conséquence une bonification devrait leur être accordée. Mais vous n'ignorez pas combien MM. Goschen et les créanciers anglais, sont opposés à toute bonification de ce genre; vous aurez à apprécier quelles concessions il y aurait lieu de leur faire à cet égard.

La troisième catégorie de créanciers de la Daïra est celle des porteurs de bons de la Daïra sur Mallieh.

Il me paraît impossible de les exclure absolument du passif de la Daïra. Il est nécessaire, en effet, ainsi qu'il me reste à vous le préciser en terminant, que la transaction à intervenir soit approuvée par les tribunaux. Or les tribunaux ne veulent sanctionner un arrangement amiable réglant la dette de la Daïra, qu'autant qu'une part sera faite aux porteurs de bons Daïra sur Mallieh. Il est dès lors inutile d'examiner si, en droit et en fait, cette solution est ou non justifiée; qu'elle le soit ou ne le soit pas, elle s'impose à tous les créanciers de la Daïra, et ils seront forcés de l'accepter, s'ils veulent arriver à la conclusion d'un arrangement valable et régulier. Il est à croire d'ailleurs que les tribunaux qui tiennent avant tout à voir consacré le principe d'une part à faire aux porteurs de bons Daïra sur Mallieh, dans le passif de la Daïra, ne se montreront pas, une fois ce principe reconnu, bien exigeants sur son application, et que la part en question sera fixée, de concert avec eux, à un taux modéré, par exemple à 15 0/0 du capital des bons, soit pour 4 millions £, 600,000 £.

Voici, d'après ces données, la somme annuelle qu'il serait nécessaire que le Khédive garantît pour assurer le payement de 6 0|0 d'intérêt par an, aux créanciers de la Daïra.

Intérêt afférent au capital de la Dette consolidée et de la Dette flottante, soit 8,800,000 £	528,000 £
Intérêt afférent à la part à faire aux bons Daïra sur Mallieh, en fixant cette part à 600,000 £.	36,000 £
Intérêt afférent à la bonification à attribuer aux porteurs de la Dette flottante, si cette bonification est admise, et en la supposant de 10 0/0.	17,400 £
TOTAL.	581,400 £

J'arrive à la forme dans laquelle l'arrangement devrait être conclu et sanctionné.

Il est très-douteux que tous les créanciers de la Daïra acceptent l'arrangement à intervenir, sur quelque base qu'il repose. Il suffirait que quelques créanciers récalcitrants ne s'y résignassent pas, pour donner lieu à des difficultés qui rendraient l'exécution de l'arrangement impossible.

Les Codes égyptiens ne contiennent aucune disposition qui permette de contraindre les créanciers récalcitrants à observer un arrangement amiable conclu entre un débiteur non commerçant et ses créanciers. Il serait donc nécessaire, pour permettre de donner une sanction légale à un pareil arrangement, de modifier sur ce point les Codes égyptiens, en y introduisant des dispositions d'après lesquelles un *débiteur civil*, en état de cessation de payements, serait admis à conclure, sous certaines conditions, un *concordat* obligatoire pour tous ses créanciers. Des dispositions de cette nature existent dans diverses législations, et l'opportunité qu'il y aurait à les introduire dans les Codes égyptiens, en vue de rendre possible le règlement définitif des dettes de la Daïra, est universellement reconnue.

Mais dans quelle forme cette modification des Codes égyptiens doit-elle être effectuée ?

Les Codes égyptiens ont été promulgués en 1875; l'article 12 du Code civil dispose que les additions et modifications aux Codes seront édictées sur l'avis conforme du corps de la magistrature et au besoin sur sa proposition, mais sans que, pendant un délai de cinq ans, aucun changement puisse avoir lieu dans le *système adopté*.

Les Codes égyptiens constituent, en quelque sorte, un traité passé entre l'Egypte et les puissances garantes ; en conséquence, et lorsqu'il est dit qu'aucun changement ne peut avoir lieu dans le système adopté, on interprète généralement cette disposition en ce sens qu'aucun changement ne peut avoir lieu que du consentement des puissances garantes et par une sorte de nouveau traité.

L'introduction dans le Code civil de dispositions relatives au concordat civil ne constituerait-elle pas un changement au système adopté, et par suite, l'intervention des puissances garantes ne serait-elle pas nécessaire pour l'effectuer ? Les expressions « *changement au système adopté* » sont si vagues qu'on peut également soutenir le pour et le contre, et qu'on doit reconnaître qu'il existe au moins des doutes très-sérieux sur le point de savoir si la modification peut intervenir sans le consentement des puissances garantes. Celles-ci désirent, dans tous les cas, que le texte des nouvelles dispositions leur soit communiqué, afin qu'elles l'examinent et puissent apprécier l'étendue et le caractère des modifications que ces dispositions consacreraient.

Dans ces conditions, la magistrature, à laquelle le Gouvernement égyptien avait demandé si elle ne consentirait pas à lui proposer un projet de loi, se refuse absolument à prendre l'initiative de ce projet. Elle ne veut pas préparer un texte qui pourrait être, grâce au désir des puissances garantes, discuté, critiqué dans ses détails, modifié sur tel ou tel point par ces puissances. Elle considère qu'on lui ferait jouer ainsi un rôle qui ne serait point conforme à sa dignité.

En présence de ce refus de la magistrature, nous avons pensé que la meilleure marche à suivre était la suivante : le Gouvernement égyptien prendrait l'initiative qui paraît répugner à la magistrature ; il présenterait à celle-ci un projet de loi tout rédigé sur lequel il lui demanderait simplement son avis. Dans ces conditions, la magistrature ne se refuserait pas à examiner le projet de loi ; et lorsqu'elle se serait mise d'accord avec le Gouvernement égyptien sur sa rédaction définitive, le Gouvernement communiquerait le projet aux puissances, en leur expliquant comment, suivant lui, il n'entraîne aucun changement proprement dit au système adopté.

Dans le but de faciliter la tâche du Gouvernement égyptien, nous avons rédigé et lui avons remis officieusement un projet de loi sur le concordat civil, où nous avons cherché à introduire à côté et comme accessoire de dispositions générales, les dispositions spéciales les plus propres à favoriser la conclusion d'un arrangement amiable entre le Khédive et ses créanciers. Je vous ai remis une copie de ce projet de loi (1).

Il y a lieu d'espérer que les puissances garantes ne feront pas d'objections au texte arrêté d'un commun accord entre le Gouvernement égyptien et la magistrature; que probablement elles ne répondront même pas à la communication du Gouvernement égyptien et qu'alors leur silence pourra être considéré par la magistrature comme un acquiescement tacite qui mettra hors de doute la légalité des dispositions nouvelles.

Ce mode de procéder donnerait lieu, malgré tout, il n'y a pas à se le dissimuler, à certaines difficultés, mais c'est encore le plus pratique de tous.

De plus, et quoique cette marche puisse paraître peu logique, il conviendrait de ne s'occuper de l'introduction dans le Code des dispositions de la loi sur *le concordat civil*, qu'après qu'un arrangement préalable aurait été convenu entre le Khédive et la majorité de ses créanciers. En effet, si une fois cet arrangement était arrêté, et s'il avait besoin pour être sanctionné, de dispositions sur le concordat civil, il est à croire que toutes les difficultés qu'on peut craindre, au sujet de ces dispositions, seraient facilement aplanies.

L'adoption du projet de loi serait regardée par tous comme le préliminaire indispensable de la sanction d'un arrangement amiable éminemment désirable. On envisagerait les modifications à apporter en ce sens aux Codes égyptiens non plus au point de vue des principes, mais au point de vue des résultats, et personne n'oserait prendre la

---

(1) Voir le texte du projet soumis à Chérif-Pacha, ministre de la justice, ci-après, page 49.

responsabilité d'une résistance qui compromettrait d'aussi graves intérêts.

Il en serait probablement de même de la sanction à donner par la magistrature à l'arrangement. La magistrature, pourvu que cet arrangement ne soit pas directement contraire au droit et à l'équité, et qu'il fasse une part aux porteurs de bons Daïra sur Mallieh, paraît toute disposée à l'approuver, sans s'arrêter aux objections théoriques ou de détail qu'il pourrait soulever, et en procédant avec toute la promptitude possible.

Quoi qu'il en soit, dans les conditions où la question se présente, la conclusion d'un arrangement amiable, régulier, exigerait, comme vous le voyez, trois opérations distinctes et successives :

1° Conclusion d'un arrangement amiable entre le Khédive et ses créanciers ;

2° Introduction dans le Code civil égyptien de dispositions nouvelles permettant à la magistrature de sanctionner cet arrangement ;

3° Approbation de l'arrangement par la magistrature.

Il ne faudrait donc pas compter, malgré toute la diligence et la bonne volonté possibles, que cet arrangement pût devenir définitif en la forme, avant plusieurs mois. Mais une fois qu'il aurait été conclu entre le Khédive et ses créanciers, sa sanction légale ne serait plus, selon toute vraisemblance, qu'une question de temps.

Telles sont, Monsieur le Gouverneur, les indications que je crois convenable de vous soumettre, parce qu'elles me paraissent de nature à éclairer les décisions à prendre par le Crédit foncier. Je reste à votre disposition pour toutes les explications complémentaires que vous auriez à me demander.

Veuillez agréer, je vous prie, l'expression de mes sentiments les plus distingués.

Signé : P. Jozon.

Mars 1877.

PROJET DE LOI

SUR LES

CONCORDATS EN MATIÈRE CIVILE

Officieusement soumis à CHÉRIF PACHA, Ministre de la justice, avec son approbation et combiné avec les membres du Comité du contentieux.

Article premier.

Les dispositions du Code de commerce sur le concordat, qui peut intervenir entre un débiteur commerçant et ses créanciers, seront applicables aux débiteurs non commerçants, sous les modifications suivantes :

Art. 2.

Le concordat ne pourra intervenir qu'après que le débiteur non commerçant aura été l'objet de plusieurs condamnations prononcées contre lui par les Tribunaux mixtes dans les limites de leur compétence, et se trouvera hors d'état d'exécuter ces condamnations.

Ce débiteur pourra alors, directement et sans autres formalités préalables, rédiger et signer avec la majorité de ses créanciers ou de leurs fondés de pouvoir, un projet de concordat qui sera ensuite soumis au Tribunal dans l'arrondissement duquel le débiteur aura sa résidence habituelle.

La majorité des créanciers se déterminera non par leur nombre, mais par l'importance des sommes qui leur seront dues.

Art. 3.

Les créanciers privilégiés hypothécaires ou gagistes, ou se prétendant tels, dont les droits de préférence seront contestés, pourront signer le projet de concordat et seront alors comptés pour le calcul de la majorité, s'ils déclarent renoncer à leurs droits de préférence, pour le cas où le concordat serait admis.

Ils rentreront dans l'exercice de leurs droits et leur renonciation sera regardée comme non avenue, dans le cas où le concordat ne serait pas admis.

Art. 4.

Si plusieurs créanciers ont, ou prétendent avoir, un même droit de privilége, d'hypothèque ou de gage, par indivis, sur le même ou sur les mêmes objets, et si la majorité d'entre eux adhère au projet de concordat, tous seront, jusqu'à décision contraire du Tribunal, considérés et traités comme y ayant adhéré.

Art. 5.

Le projet de concordat sera déposé, par les soins du débiteur, au Greffe du Tribunal, accompagné d'une requête demandant l'homologation de ce projet, d'un inventaire détaillé de l'actif et du passif du débiteur et des autres pièces que le débiteur jugera utile d'y joindre.

Art. 6.

Sur le vu de la requête et des pièces déposées, le Tribunal pourra, d'après les circonstances de la cause, refuser immédiatement d'homologuer le projet de concordat.

Il pourra, au contraire, ordonner qu'il sera procédé, conformément aux dispositions du Code de commerce relatives au dessaisissement du débiteur de l'administration de ses biens, à la nomination et aux fonctions du juge-commissaire et des syndics, et à la vérification des créances.

Il pourra déclarer également qu'il n'y a lieu à l'application de tout ou partie de ces dispositions, et qu'en conséquence la procédure se poursuivra sans quelles soient observées.

Le Tribunal pourra prendre ou modifier les mesures, faire ou retirer les déclarations qui viennent d'être indiquées, en tout état de cause.

Art. 7.

Cependant le Tribunal devra, dans tous les cas, et s'il lui paraît qu'il n'y a pas lieu à l'observation des dispositions du Code de commerce, se conformer, tout au moins, aux dispositions du présent article et des quatre articles suivants.

Il nommera un juge-commissaire chargé de s'occuper plus particulièrement de l'affaire et de la procédure qu'elle comporte.

Art. 8.

Il fixera un délai pendant lequel ceux qui se prétendront créanciers du débiteur, sans avoir été portés comme tels dans l'inventaire de son passif, seront admis à faire valoir leurs réclamations par voie de requête et de dépôts de pièces justificatives au Greffe du Tribunal.

Pendant le même délai, toute partie intéressée sera admise à contester la réalité ou le montant des créances portées par le débiteur dans l'inventaire de son passif.

Les intéressés seront prévenus, savoir : les créanciers omis dans l'inventaire, dont l'existence et le domicile auront été révélés au Tribunal par l'inspection des pièces déposées au Greffe, par lettres recommandées; et les autres intéressés, par des insertions faites, à trois reprises différentes, dans le Journal Officiel des annonces judiciaires et dans les autres journaux que le Tribunal désignera, s'il y a lieu.

Art. 9.

Après l'expiration du délai fixé par le Tribunal, les réclamations et contestations seront jugées en la forme ordinaire, le débiteur et tous ses créanciers ou se prétendant tels, étant admis à intervenir dans la procédure et à présenter leurs observations.

Art. 10.

Toutefois, et sans attendre que les actions intentées, soit devant le Tribunal saisi de la demande en homologation du projet de concordat, soit devant toute autre juridiction, et dont la solution serait de nature à influer sur la composition du passif du débiteur, aient été définitivement jugées, le Tribunal pourra déterminer, provisoirement et sans appel, la somme pour laquelle les créances contestées devront être comptées pour le calcul de la majorité.

Art. 11.

A la suite des changements que pourront amener dans l'existence et la quotité des créances, les décisions prévues aux deux articles précédents, le Tribunal vérifiera si le projet de concordat, en tenant compte des nouvelles adhésions dont il pourra avoir été revêtu, est encore approuvé par la majorité des créanciers.

En cas de négative, le Tribunal déclarera qu'il ne peut être passé outre à l'examen du projet.

En cas d'affirmative, et si les adhésions au projet ne représentent pas les trois quarts du montant total des créances, le Tribunal fixera un délai pendant lequel les créanciers opposants seront invités, par les moyens indiqués dans l'article 8, à se faire connaître au greffe du Tribunal.

Si, à l'expiration du délai, les créanciers opposants représentent le quart du total des créances existant contre le débiteur, le projet de concordat ne pourra être homologué.

Si les créanciers opposants représentent moins du quart de la totalité des créances, le projet de concordat sera examiné par le Tribunal.

Art. 12.

Le jugement, qui prononcera sur l'homologation ou la non-homologation du projet de concordat, sera rendu selon les formes ordinaires, les créanciers opposants étant admis à présenter, par écrit ou verbalement, leurs observations contre l'homologation.

Le Tribunal pourra prononcer l'homologation ou la refuser, ou encore surseoir à statuer, jusqu'à ce que certaines conditions ou modifications indiquées par lui aient été acceptées par le débiteur et la majorité de ses créanciers, sauf à prononcer l'homologation, dès que cette acceptation aura été réalisée.

Les jugements rendus seront, dans tous les cas, susceptibles d'appel, dans les formes ordinaires.

Art. 13.

Les effets du concordat, les cas dans lesquels il pourrait être annulé ou résilié, seront ceux qu'indiquent les articles 338 et suivants du Code de commerce, à l'exception de celles des dispositions de ces articles qui sont, par leur nature, spéciales à des débiteurs commerçants et qui ne pourront, en conséquence, être appliquées à des débiteurs non commerçants.

RAPPORT DE M. THOMAS C. SANDARS

Barrister, à Londres,

Sur les domaines de la Daïra Sanieh et de la Daïra Khassa (1).

Au très-honorable George J. Goschen, membre du Parlement.

CHER MONSIEUR,

J'ai, sur votre demande, examiné, autant que j'ai pu le faire, pendant ma visite en Égypte, la nature, l'étendue et l'état de culture des domaines que, dans sa lettre à M. Joubert et à vous, du 18 novembre 1876, le Khédive a proposé d'affecter aux créanciers de sa Daïra. Ces domaines, comme l'indiquait la lettre du Khédive, se rangent en deux catégories : ceux qui appartiennent *à la Daïra Sanieh ou Daïra privée,* et ceux qui appartiennent *à la Daïra Khassa ou Daïra de la Liste civile.*

Le résultat de mes investigations est contenu dans le rapport ci-joint, qui a pour base des matériaux tirés de plusieurs sources officielles et non officielles. Les domaines qui doivent être affectés aux créanciers sont si vastes et si nombreux, le système d'après lequel les comptes des revenus et des dépenses ont été tenus jusqu'à ce jour est si imparfait, et la culture du sucre en Égypte rencontre tant de difficultés et est encore,

---

(1) Traduction de la brochure : *Egyptian debt, Daira creditors. Report on the Estates of the Daira Sanieh and Daira Khassa.* — London, Council of Foreign Bondholders, may 1877.

pour une si grande partie, à l'état d'expérimentation, que je ne puis espérer que tous les détails de ce rapport soient rigoureusement exacts. Mais je pense qu'il y a des motifs raisonnables de croire que l'exposé est, dans ses principaux points, assez précis et exact pour donner aux créanciers de la Daïra les moyens d'estimer l'avantage à obtenir de l'affectation des domaines qui leur sont offerts.

§ I

Domaines de la Daïra Sanieh.

L'étendue totale de ces domaines est de 434.975 feddans (1) (le feddan est égal à un acre anglais) (2).

Sur cette quantité, 89.090 feddans sont tout à fait incultes, et il n'y a pas de raison de supposer que les frais qui seraient nécessaires pour les mettre en culture puissent être, quant à présent, couverts par un produit rémunérateur. Sur ces terres non cultivées, 40.000 feddans sont situés dans la Basse-Égypte, et le reste est dispersé au milieu des divers domaines en culture. Il est, d'ailleurs, à remarquer que le terrain des fabriques et des divers établissements est compris dans le calcul de la surface des terrains non cultivés.

Les 345.885 feddans, aujourd'hui cultivés, peuvent être divisés entre les domaines, comprenant une superficie de 87.176 feddans, dans lesquels la culture du sucre n'existe pas, et les domaines, présentant une surface de 258.709 feddans, dans une partie desquels on se livre à la culture du sucre.

A. — Les domaines sur lesquels la culture du sucre n'existe pas se composent de :

1° Une large étendue dans la Basse-Égypte (Gharbieh) = 80.609 feddans, qui, bien que non entièrement inculte, n'est pourtant aujourd'hui que cultivée très-imparfaitement ou seulement susceptible d'être culti-

---

(1) M. Jozon dit 435.000 feddans (page 22 ci-dessus).
(2) Un peu plus de 40 ares.

vée. Elle est louée tout entière et produit une rente annuelle de 8.000 £. Par la dépense d'une somme considérable d'argent consacrée à des nivellements et à l'irrigation, ces domaines ne pourraient probablement être mis en état de rapporter un revenu supérieur qui couvrirait les frais de cette amélioration.

2° Des domaines dispersés dans différentes provinces, s'élevant à une superficie totale de 6.567 feddans, qui sont presque entièrement loués, et dont une portion, située près d'Ismaïlia et d'une étendue de 3.668 feddans, paraît être d'une valeur considérable.

B. — Les domaines consacrés partiellement à la culture du sucre comprennent un total de 258.709 feddans; l'étendue peut d'ailleurs en être réduite au nombre rond de 258.000, en excluant quelques petites plantations d'arbres forestiers et fruitiers.

Ces domaines sont :

1° Fayoum.	60.000	feddans.
2° Erment.	41.000	—
3° Bibeh-Rhoda.	157.000	—
Total.	258.000	—

1° **Fayoum**, avec une étendue cultivée de 60.000 feddans et situé près du lac salé du même nom, au nord-ouest des principaux domaines à sucre de Bibeh à Rhoda; il est à quelque distance du Nil et est arrosé par un canal latéral. Il est relié par chemin de fer avec le Caire.

Ce domaine est cultivé comme il suit :

Sucre	6.000	feddans.
Autres cultures	24.000	—
Affermé	30.000	—
Total.	60.000	—

Le Fayoum contient deux fabriques, Mahsaret-Daudeh et Abouxa, avec chacune deux moulins; l'usine d'Abouxa est seule maintenant en activité, et l'on se sert de ses deux moulins dans la saison actuelle.

2° **Erment**, avec une étendue cultivée d'environ 41.000 feddans, est situé loin dans le sud, et s'étend entre Thèbes et la première cataracte, longeant, sur une étendue considérable, la rive gauche du Nil.

Ce domaine est cultivé comme il suit :

Sucre	9.500 feddans.
Autres plantations	12.500 —
Loué	19.000 —
Total	41.000 —

Il y a trois fabriques sur le domaine : Dabayeh, Erment et Matana. On ne se sert, quant à présent, que des deux dernières : chacune d'elles a deux moulins et les quatre moulins sont en activité pendant cette saison.

3° **Bibeh-Rhoda**, le principal domaine à sucre, rattaché par un chemin de fer au Caire, s'étend le long de la rive gauche du Nil sans aucune interruption, sur une longueur de 90 milles de Malleouwe, au sud, à Beni-Soueff, au nord, et contient une étendue cultivée de 157.000 feddans (1).

Il se divise en huit districts, qui, en commençant au nord et en poursuivant jusqu'au sud, sont les suivants :

1° Bibeh, avec 14.500 feddans, sur lesquels environ 4.500 feddans sont maintenant consacrés à la culture du sucre; une petite portion seulement, contenant environ 1.100 feddans, est louée.

Bibeh a une fabrique avec quatre moulins, sur lesquels trois maintenant sont en activité, la provision en cannes n'étant pas suffisante pour permettre de faire marcher le quatrième.

2° Fechn, avec environ 19.000 feddans, sur lesquels 7.500 environ sont consacrés à la culture du sucre, et 2.400 affermés.

Il y a là une fabrique, avec quatre moulins tout prêts pour le service; mais cette fabrique n'est pas en activité quant à présent, les cannes étant absorbées par les moulins des districts adjacents.

---

(1) Le domaine est arrosé par un canal qui le coupe parallèlement au Nil, d'un bout à l'autre; on ne peut, en effet, cultiver les cannes à sucre à l'aide des inondations du Nil, il faut que l'eau arrive jusqu'aux cannes à certaines époques fixes et en quantités déterminées.

(*Discours de M. Sandars, au Meeting du 3 mai 1877.*)

3° Maghagha, avec environ 25.000 feddans, sur lesquels 7.500 sont consacrés à la culture du sucre, et 6.000 sont affermés.

Il y a là deux fabriques, chacune avec quatre moulins, Maghagha et Aba; on ne se sert, quant à présent, que de Maghagha, où fonctionnent trois moulins.

4° Beni-Mazar; 11.000 feddans : 3.500 consacrés à la culture du sucre, 3.000 loués.

Une fabrique avec quatre moulins en bon état, mais dont on ne se sert pas, les cannes du domaine étant envoyées aux fabriques voisines.

5° Mattaï; 15.000 feddans environ, 3.000 consacrés à la culture du sucre et environ 4.000 loués.

Une fabrique avec quatre moulins, dont trois en activité.

6° Mahsaret-Samaloot; 14.000 feddans, dont 7.000 consacrés à la culture du sucre et environ 1.500 loués.

Une fabrique avec quatre moulins, dont trois en activité.

7° Minieh; 18.500 feddans, 8.000 consacrés à la culture du sucre et 6.000 loués.

Une fabrique avec quatre moulins, dont trois en activité.

8° Rhoda; 40.000 feddans, 17.000 consacrés à la culture du sucre et 6.000 loués.

Deux fabriques (Rhoda et Aboukourkas) avec chacune quatre moulins, dont trois sont en activité dans chaque fabrique.

Les quantités données plus haut forment un total de 157.000 feddans, comme suit :

Bibeh	14.500 feddans.
Fechn	19.000 —
Maghagha	25.000 —
Beni-Mazar	11.000 —
Mattaï	15.000 —
Mahsaret-Samaloot	14.000 —
Minieh	18.500 —
Rhoda	40.000 —
Total	157.000 —

avec un total de dix fabriques, sur lesquelles sept sont en activité, ayant chacune quatre moulins, dont trois fonctionnent ; de sorte que, sur la totalité du domaine, il y a vingt et un moulins fonctionnant en cette saison.

Ce nombre, ajouté aux deux moulins qui fonctionnent dans le district de Fayoum, et aux quatre qui fonctionnent dans le district d'Erment, donne un total de vingt-sept, ce qui est le nombre des moulins en activité aujourd'hui.

Le domaine de Bibeh-Rhoda est cultivé comme il suit :

Sucre	58.000 feddans.
Autres cultures	70.000 —
Affermé	29.000 —
	157.000 —

L'étendue totale du pays consacré à la culture du sucre sur les trois domaines est de. . . . . 73.500 feddans, savoir : 42.500 en ce moment plantés de cannes et 31.000 en ce moment en jachères.

Autres cultures	106.500 —
Affermé	78.000 —
	258.000 —

Presque toute l'étendue du domaine de Bibeh à Rhoda est susceptible d'être cultivée pour le sucre, et environ 10.000 feddans, dans chacun des districts de Fayoum et d'Erment, indépendamment des quantités en ce moment consacrées à cette culture, pourraient recevoir cet emploi.

Indépendamment des deux fabriques dans le domaine de Fayoum, des trois dans celui d'Erment et des dix dans celui de Bibeh-Rhoda, que nous avons mentionées plus haut, il y avait des matériaux approvisionnés pour trois fabriques qui n'ont pas été construites. A ce total de dix-huit fabriques, il faut ajouter deux fabriques anciennes dont on ne se sert pas, et les matériaux, qui avaient été préparés pour en construire deux autres, ont été reportés à Rhoda, pour remplacer des pièces usées. Les fabriques sont, pour la plupart, en bon état et bien organisées, et si des soins convenables sont pris pour tenir les canaux en bon état de curage, la quantité d'eau dont on dispose est suffisante pour la surface actuelle des cultures du sucre.

Hypothèque de 1870.

Pour garantir l'Emprunt de 1870, 157.263 feddans ont été hypothéqués, faisant partie des 431.975 feddans de la Daïra Sanieh, et compris tous dans les domaines qui sont consacrés en partie à la culture du sucre. Dans le domaine de Fayoum, qui a 60.000 feddans cultivés, il n'y a rien d'hypothéqué. Dans le domaine d'Erment, 28.803 feddans, sur sa contenance actuelle de 47.215 feddans, ont été hypothéqués; et comme 41.000 feddans du domaine d'Erment sont cultivés, il y a (en supposant que les feddans hypothéqués n'en renferment aucun pris sur la surface qui n'est pas en culture) 12.197 feddans de terres cultivées qui ne sont pas hypothéqués. Dans le domaine de Bibeh-Rhoda, 128.450 feddans ont été hypothéqués, sur un total de 183.954, et ici encore, comme le total des domaines cultivés est de 157.000 feddans, il y a (en supposant que les terrains hypothéqués ne renferment aucune parcelle non cultivée) 28.550 feddans de terres cultivées qui sont en dehors de l'hypothèque. Les domaines de Beni-Mazar, Mattaï et Rhoda, ont été presque entièrement hypothéqués; mais dans le domaine de Bibeh, qui a un total de 14.500 feddans entièrement cultivés, une portion considérable n'avait pas été hypothéquée. Aucune partie du domaine de Maghagha, qui a 30.915 feddans, dont 25.000 cultivés, n'a été hypothéquée.

Toutes les fabriques de sucre sont situées sur les terrains hypothéqués, excepté Maghagha et les deux fabriques du domaine de Fayoum. Maghagha a, en ce moment, trois moulins en activité, et Abouxa, dans le Fayoum, en a deux; de sorte que, sur les vingt-sept moulins en activité, cinq sont en dehors des terres hypothéquées. On peut dire ainsi que la propriété non comprise dans l'hypothèque, renferme, dans les domaines à sucre, 100.737 feddans cultivés et cinq moulins en activité, et tous les domaines non consacrés à la culture du sucre qui, bien que considérables en étendue, sont d'une faible valeur.

La propriété hypothéquée a (si l'on n'y comprend pas les terres non cultivées) 157.263 feddans cultivés et vingt-deux moulins en activité.

Les parties non cultivées des domaines à sucre consistent dans des terrains qui jusqu'ici n'ont pas été utilisés, principalement à cause de la dépense qu'il aurait fallu faire pour les mettre en culture. Une grande partie de ces terrains a été acquise par le Khédive, depuis 1870, avec l'intention de ménager des ressources pour une extension ultérieure de la culture. On peut présumer, dès lors, que la plus grande masse de ces parties non cultivées est en dehors des feddans hypothéqués ; mais comme il n'existe pas de plans généraux des domaines, il est impossible de dire que, parmi les feddans hypothéqués, il n'existe pas quelques portions non cultivées.

Revenus passés, présents et futurs.

En parlant du revenu des domaines de la Daïra Sanieh, il paraît préférable de commencer par prendre séparément le revenu des terrains loués.

Le vaste domaine de Gharbieh (80.000 feddans) rapporte 8.000 £ par an.

Dans les domaines à sucre (c'est-à-dire les domaines sur partie desquels le sucre est cultivé) et dans les petits domaines dispersés où le sucre n'est pas cultivé (environ 6.000 feddans), il y a un total de 83.194 feddans loués qui peuvent être considérés comme rapportant une rente d'environ 122.000 £ par an, ou 1 £ 10 shillings par feddan, la partie pauvre des domaines de Fayoum et d'Erment étant compensée par le sol plus riche du domaine de Bibeh-Rhoda, où la terre peut être comptée à un prix de fermage de 2 £ par feddan.

Les domaines non sucriers étant loués, et 78.000 feddans de la surface cultivée des domaines à sucre étant loués également, il reste dans les domaines sucriers un total de 180.000 feddans cultivés par la Daïra. Si toute cette terre était louée 1 £ 10 shillings le feddan, elle rapporterait 270.000 £, formant avec le revenu des terres dès aujourd'hui louées (130.000 £) 400.000 £, ce qui est plus que le revenu net total des domaines de la Daïra Sanieh dans aucune des trois dernières années (1874, 1875, 1876), puisque ces revenus ont été, d'après les chiffres officiels, de 310.000 £, 345.000 £ et 380.000 £.

Les comptes des revenus et des dépenses de la Daïra Sanieh, dans les années écoulées, sont si confus, qu'il est impossible d'en tirer aucune conclusion exacte. Les informations que ces comptes fournissent auraient besoin d'être complétées par des informations puisées à d'autres sources; et aucune estimation du revenu et de la dépense moyenne de ces domaines ne peut être donnée qu'avec beaucoup d'hésitation. Mais, en supposant que les domaines soient bien administrés, je pense que le revenu moyen peut être supposé de 1.200.000 £, et la dépense moyenne de 800.000 £. Par suite, le revenu net de 400.000 £ avec la culture du sucre peut être considéré comme équivalent à celui qui serait obtenu de l'affermage général de toutes les terres; mais, avec un affermage général, le revenu des terres serait stationnaire, tandis qu'on peut espérer que le revenu tiré de la culture du sucre s'accroîtra graduellement.

Les principaux articles de recettes et de dépenses peuvent être admis approximativement comme il suit :

Revenus		Dépenses	
Terres affermées. .	130.000 £	Taxes.	150.000 £
Cotons	85.000	Frais de culture . .	400.000
Divers	85.000	Frais des fabriques.	250.000
Semis d'hiver . . .	200.000		800.000
Sucre.	700.000	Balance.	400.000
	1.200.000		1.200.000

Les *divers* renferment une variété d'articles mêlés, comme la vente de la paille et des bestiaux; et la location de bateaux appartenant à la Daïra. Les semis d'hiver sont le blé, le maïs, l'orge, etc. Dans les dépenses de culture, sont compris les frais de plantation, d'entretien et de coupe des cannes à sucre.

L'expérience du passé garantit à peine, peut-être, l'espérance que le revenu moyen de la culture du sucre puisse atteindre 700.000 £; mais des améliorations dans l'administration accroîtraient rapidement la quantité de sucre produite, sans que la surface cultivée dût pour cela être étendue, et s'il est possible que le revenu de la culture du sucre tombe quelquefois au-dessous de 700.000 £, il est également probable que les recettes provenant des semis d'hiver pourraient dépasser les chiffres donnés plus haut, et que la dépense pourrait être réduite par une administration plus attentive.

Le produit de la culture du sucre doit nécessairement varier, suivant la manière dont il est affecté par trois causes d'une grande influence :

1° Le prix du sucre ;

2° L'appui donné à l'administration ;

3° L'habileté employée dans l'administration.

Le revenu probable de la culture du sucre dans la présente année doit, d'après les calculs aujourd'hui faits, approcher de 800.000 £ ; mais les dépenses de la Daïra pour l'année ne sont pas connues, et c'est une pure conjecture que de dire, quant à présent, ce que pourra être le revenu net des domaines ; mais on peut espérer que ce revenu dépassera très-notablement celui de toutes les années précédentes. Cette augmentation probable du revenu net peut être appréciée, eu égard aux trois causes de variation que nous avons indiquées tout-à-l'heure :

1° Le prix du sucre s'est élevé considérablement cette année. Ce résultat est dû, dans une certaine mesure, à ce que la récolte des betteraves, en France, a été fort mauvaise.

Le prix obtenu, l'année dernière, était de 80 piastres par quintal pour le sucre de 1re qualité, et de 45 pour le sucre de 2e et 3e qualités.

Cette année, on s'attend à vendre toute la récolte à un prix moyen dépassant 100 piastres pour le sucre de toute qualité. Mais c'est seulement une évaluation, et le prix du sucre peut baisser avant que les ventes ne soient faites.

2° Pour la première fois, on a montré de l'art et de l'activité à distribuer l'eau exactement en temps convenable pour la culture des cannes. C'est en grande partie au Pacha qui a la surintendance du district, que cette heureuse assistance est due.

3° L'administration a profité, dans une certaine mesure, de l'expérience passée, et quelques améliorations ont été introduites. Un effort a été fait pour réduire le nombre des moulins en activité à ce qui était réellement nécessaire. Des machines à peser ont été installées pour empêcher la fraude ; les cannes de rebut ont été mieux utilisées pour le chauffage, et la quantité de charbon employée a pu subir une large diminution, par suite de la substitution au coke de ces cannes de rebut.

Quand nous arrivons à parler de l'avenir, nous trouvons qu'il y a encore beaucoup d'améliorations qui pourraient être faites. Les principales sont les suivantes :

1° Les salaires devraient être régulièrement payés aux ouvriers (1) et les paysans devraient être encouragés à louer des terres, sous la condition de fournir des cannes. On a l'intention d'essayer cette expérience sur une petite échelle pour commencer.

2° Des changements devraient être introduits dans le système de plantations. Aujourd'hui, les cannes sont plantées trop près les unes des autres pour leur permettre d'atteindre la croissance convenable ; les feuilles ne sont pas assez exactement arrachées pour permettre à l'air de circuler, et au lieu de couper et de planter les têtes des cannes, qui, lorsqu'on les laisse, rendent le jus acide, les cannes tout entières sont abattues par terre, et les nouvelles cannes repoussent sur les nœuds ; cela fait que les nouveaux plants sont trop rapprochés les uns des autres et gâtent les cannes plantées. Un sixième de chaque récolte est perdu de cette manière.

3° De plus grandes précautions devraient être prises pour prévenir non-seulement la fraude, mais le gaspillage et la mauvaise administration. Il n'y a aucune certitude sur le nombre des feddans réellement plantés. Souvent les bords extérieurs d'un territoire sont seuls plantés. Tout le système de comptes demande des rectifications ; il n'y a aucune certitude que les sommes accusées comme recettes soient de réelles recettes en argent, et non pas seulement de pures estimations. L'inspection des dépenses est tout à fait insuffisante ; il n'est pas tenu de comptes réels créditeurs et débiteurs. Il pourrait probablement arriver que, dans les premiers temps, l'introduction d'un système convenable de comptabilité eût pour effet de montrer que le revenu réel des domaines est

---

(1) La main-d'œuvre ne fera plus défaut quand on payera des salaires réguliers. Jusqu'ici le travail a été payé en nature, très-peu surveillé et naturellement la somme de travail sujette à bien des fluctuations.

(*Discours au Meeting du* 3 *mai* 1877.)

moindre que celui qui est nominalement reçu; mais l'introduction d'un système strict de comptabilité donnerait bientôt pour résultat d'arrêter le gaspillage et la malversation.

Pour tous ces perfectionnements, aussi bien que pour une abondance suffisante dans les arrosages, la coopération cordiale du Gouvernement est indispensable. En supposant que ces améliorations soient accomplies et que le Gouvernement donne sa coopération cordiale, il y a, ce semble, des raisons de supposer que le revenu total moyen des domaines ne tombera pas au-dessous de 400,000 £, à moins que le prix du sucre ne soit très-bas, et pourra monter à 500,000 £, quand le prix du sucre sera élevé. Avec le temps, la culture de la canne pourra s'accroître de manière à porter les recettes, dans les années favorables, même au-dessus de 500,000 £. L'opinion des meilleurs juges, du reste, paraît être que la superficie du sol planté en cannes ne peut pas être augmentée très-rapidement. Il y a sans doute une grande abondance de terrains convenables, et les fabriques pourraient écraser une bien plus grande quantité de cannes qu'aujourd'hui, mais les canaux d'irrigation auraient besoin d'être étendus. L'expérience révélerait probablement aussi une grande difficulté pour obtenir une quantité plus considérable de travail, et jusqu'à ce que l'administration ait formé des surveillants utiles, elle ne pourrait pas exercer un contrôle suffisant sur de plus larges espaces.

Il reste à ajouter que, bien que la culture du sucre n'ait pas, au moins jusqu'à cette année, obtenu beaucoup de succès, les dépenses faites par le Khédive, pour arriver à ce succès, ont été très-considérables. Les porteurs de l'Emprunt 1870 ont prêté 5,000,000 £ et la somme que le Khédive a dépensée dans ses fabriques, dans les frais d'achat de moulins et de leur mise en place, en chemins de fer agricoles, en rachats de taxes foncières, en expériences de cultures et en approvisionnements, ne peut probablement pas être estimée à une moindre somme. Il y a eu là une énorme dépense et le résultat, jusqu'à ce jour, a été malheureux; mais le Khédive a essayé par la profusion de ses sacrifices, de donner à la culture du sucre, à laquelle il prenait le plus grand intérêt, d'aussi heureuses chances que cela semblait possible.

§ II.

Domaines de la Daïra Khassa.

Ces domaines, contenant 50,156 feddans, sont situés dans la Basse-Egypte, et principalement dans les districts de Tanah et Gharbieh.

Environ 40,000 feddans sont de bonnes terres; le reste est de qualité inférieure. 40,000 feddans sont loués moyennant une rente de 29,000 £ ou à un taux moyen qui est d'un peu moins de 15 shillings par feddan.

Les 10,000 feddans de surplus sont administrés en régie par le Khédive lui-même et donnent un profit d'environ 19,000 £ ou d'un peu moins de 2 £ par feddan.

Ces chiffres sont tirés des rapports fournis par le Gouvernement pour l'année dernière; ces rapports énoncent une somme de 47,600 £, comme étant le revenu net.

On a dit que le revenu de ces domaines avait, dans ces dernières années, varié de 43,000 £ à près de 60,000 £. Peut-être alors pourrait-on considérer 50,000 £ comme une moyenne.

La raison de ces fluctuations paraît être celle-ci :

Un tiers de la surface des 10,000 feddans est cultivé en coton, et le coton entre pour plus de moitié dans les recettes annuelles que l'on tire de ces 10,000 feddans.

Le revenu total alors dépend du prix du coton, et quand le coton est exceptionnellement cher, il est aisé de comprendre que le revenu peut avoir été augmenté dans une forte proportion.

Presque tous les domaines composant la Daïra Khassa étaient dans les liens d'une hypothèque de 1865, donnée pour la garantie de l'Emprunt qui porte la date de 1866, parce qu'il a été émis au commencement de cette année. Il ne semble pas du reste que la totalité des 10,000 feddans, composés de bonnes terres, entre dans cette hypothèque.

Il y avait aussi, soumis à la même hypothèque, 28,893 feddans sur les 80,000 feddans, loués moyennant une faible rente, à Garbieh, qui appartiennent à la Daïra Sanieh, et 4,934 feddans du domaine Fayoum, de la même Daïra.

L'Emprunt de 1866 est un des emprunts courts, qui doivent être remboursés à une date rapprochée (1881) ; et des revenus spéciaux de l'État ont été affectés au remboursement du capital encore dû sur cet Emprunt, capital qui est relativement très-faible. Les domaines hypothéqués en 1865, seront donc bientôt affranchis de cette charge, qui semble n'être presque plus que nominale, et dont ils sont aujourd'hui grevés.

Le résultat général des investigations que j'ai faites est donc de me donner la persuasion que les domaines, que le Khédive se propose d'affecter aux créanciers de la Daïra, doivent être considérés comme devant produire un revenu net total de 450,000 £ par an, s'il est établi, pour les régir, une administration vigilante et active.

Je suis, cher Monsieur, très-fidèlement à vous.

(Signé) Thomas C. Sandars.

Le Caire, 1ᵉʳ mars 1877.

IV

NÉGOCIATIONS ET CONFÉRENCES

A PARIS ET A LONDRES

(Avril-Mai 1877)

Prétentions des porteurs de l'Emprunt consolidé et des porteurs de la Dette flottante.

Adoption des bases d'un arrangement.

Après le retour, en Europe, de MM. Jozon et Sandars, il arriva d'Egypte des propositions qui consistaient simplement à faire contribuer, pour une certaine somme, la liste civile du Vice-Roi, à l'amortissement de la dette de la Daïra.

Dans les conférences qui eurent lieu à Paris et à Londres, les représentants des créanciers demandèrent davantage. Ils demandèrent qu'un intérêt minimum de 5 0/0 fût garanti par la totalité de la liste civile. D'ailleurs, la Daïra ayant de nombreuses répétitions à faire valoir contre le Trésor public, cette garantie devait être permanente, indépendante de tout changement de règne, et devenir une charge perpétuelle de toutes les listes civiles des souverains d'Egypte, et, par suite, du Trésor public égyptien. C'était à cette condition seulement que les créanciers pouvaient renoncer à discuter la légitimité de la constitution et des diverses dotations des Daïras autres que la Daïra Sanieh.

A titre d'atténuation à la garantie totale demandée à la liste civile, on pourrait introduire une clause analogue à celle qui existe dans les contrats passés entre l'Etat français et les Compagnies de chemins de fer, c'est-à-dire que si, après certaines années où la garantie de la liste civile aurait été invoquée et mise en jeu, il s'en présentait d'autres qui laissassent un excédant de produits sur l'intérêt garanti de 5 0/0, la liste civile aurait le droit de se rembourser, sur cet excédant, des sommes que, dans les années antérieures, la garantie, devenue effective, l'aurait contrainte à avancer.

Le taux de 5 0/0 devait d'ailleurs être un minimum garanti, et l'intérêt devait s'élever plus haut, dans toutes les années où les revenus propres de la Daïra Sanieh permettraient de le dépasser, et où il n'y aurait aucun remboursement à faire à la liste civile, pour des créances résultant de la mise en jeu de sa garantie.

D'un autre côté, les porteurs de la Dette flottante insistaient pour que les titres à créer leur fussent comptés à un taux notablement inférieur à leur montant nominal puisque ce montant nominal ne serait jamais atteint sur le marché. Cette demande, si légitime qu'elle fût, était combattue par la résistance des porteurs de l'Emprunt consolidé 1870, qui craignaient de voir s'accroître outre mesure les charges de la Daïra, et qui déclaraient ne renoncer à leur hypothèque spéciale que si les porteurs de titres de la Dette flottante contribuaient, par des sacrifices, à alléger la charge définitive du domaine privé du Vice-Roi.

La conciliation, sur ces prétentions opposées, put se faire, et fut consacrée par la Convention du 13 juillet 1877, qui créa des titres spéciaux, attribués, jusqu'à concurrence de 10 0/0 du montant nominal des créances, aux porteurs de la Dette flottante de la Daïra, ainsi qu'aux porteurs des traites de la Daïra sur le Mallieh. (Voir ci-après page 102.)

Sous la condition de cette attribution, les porteurs de la Dette de la Daïra consentirent à recevoir, pour leur montant nominal, les nouveaux titres créés par la Convention du 12 juillet 1877, et, de leur côté, les porteurs de l'Emprunt 1870 consentirent à ce que leur hypothèque fût remplacée par une hypothèque plus ample et mieux assise, accordée aux créanciers actuels. (Voir ci-après page 90.)

Les bases de cette transaction furent préparées à Paris par M. Charles Mallet, administrateur du Crédit foncier, qui voulut bien mettre au service des créanciers français sa haute expérience des affaires et sa juste autorité. Il entra en relations avec M. Goschen, et s'attacha à concilier les opinions divergentes des deux groupes anglais et français. Ces bases furent ensuite discutées dans une conférence, qui eut lieu au Crédit foncier de France, le 5 avril 1877, entre M. Suarès, banquier au Caire, mandataire de S. A. le Khédive, M. Renouard, Gouverneur du Crédit foncier, MM. le baron de Soubeyran et Leviez, sous-gouverneurs, MM. Charles Mallet et West, administrateurs. Elles reçurent l'approbation de MM. Goschen et Joubert; elles furent adoptées par le Conseil d'administration du Crédit Foncier, dans sa séance du 25 avril 1877, et exposées à un Meeting général des créanciers de la Daïra, tenu à Londres le 3 mai suivant, qui leur donna également son adhésion (1).

Extraits du registre des Procès-verbaux du Conseil d'administration du Crédit foncier de France.

§ I.

Séance du 11 avril 1877.

Projet d'arrangement pour les dettes de la Daïra.

M. le Gouverneur fait connaître que des négociations ont été engagées avec M. Suarès, représentant de S. A. le Khédive, pour l'arrangement des dettes de la Daïra, s'élevant actuellement à 9,000,000 £ environ.

Cet arrangement paraît devoir se conclure sur les bases suivantes, qui sont soumises à l'approbation du Vice-Roi :

L'amortissement annuel serait de 1 0/0 et s'effectuerait par voie de rachats publics, au moyen de prélèvements de 90,000 £ que le Khédive consentirait à faire sur sa liste civile, qui est de 300,000 £ par an.

Un intérêt minimum de 5 0/0, représentant une dépense annuelle de 450,000 £, serait garanti par les revenus de la Daïra Sanieh, qui ont été évalués à 400,000 £, au moins, par MM. Jozon et Sandars et, en outre, par ceux d'une autre Daïra, dite la Daïra Khassa, qui a produit, pendant l'année 1875-1876, 43,000 £.

Dans le cas où les revenus de ces deux Daïras, dont l'administration

---

(1) Voir le compte rendu de ce Meeting, page 71.

serait confiée à une commission européenne, ne seraient pas suffisants pour faire face à cet intérêt de 5 0/0, le Vice-Roi d'Egypte s'engagerait à payer la différence sur sa liste civile, à la condition, toutefois, que les sommes ainsi avancées par la liste civile lui seraient restituées sur la portion des revenus des deux Daïras qui, dans les années ultérieures, dépasserait 450,000 £.

Tous les revenus nets des Daïras Sanieh et Khassa seraient employés au profit des créanciers, jusqu'à concurrence d'un payement de 6 0/0 d'intérêts.

Au delà de 6 0/0 d'intérêts, les revenus viendraient en déduction du service de l'amortissement effectué par la subvention de la liste civile.

Si les revenus dépassaient 7 0/0 l'an, l'excédant serait appliqué, par moitié, à des intérêts supplémentaires, et par moitié, à l'amortissement.

Lorsque les intérêts ordinaires et supplémentaires auraient atteint 7 0/0, sur le chiffre de la dette en circulation, et l'amortissement 2 0/0 sur le même chiffre, l'excédant reviendrait de droit à S. A. le Khédive.

Enfin, par une Convention annexe, le Vice-Roi s'engagerait à consacrer, sur sa liste civile, une somme de 50,000 £, au service d'un titre spécial, à court terme, amortissable en quinze ou vingt ans, et destiné à représenter 10 0/0 de majoration sur les titres de la Daïra pure et de la Daïra sur Mallieh.

M. le Gouverneur ajoute que la Commission spéciale chargée de l'examen de l'affaire égyptienne a été d'avis qu'une entente était possible sur les bases qui viennent d'être indiquées, et qu'elle a donné mandat à M. Charles Mallet, administrateur, de continuer les négociations, à Londres, d'accord avec M. Goschen, et de traiter définitivement avec le représentant du Vice-Roi.

Le Conseil, après cet exposé, confirme les pleins pouvoirs qui ont été donnés par la Commission spéciale, chargée de l'examen de l'affaire égyptienne, à M. Ch. Mallet, pour traiter avec le représentant de S. A. le Khédive, en prenant pour base du minimum des concessions à faire par les porteurs de la Dette flottante, la note dont il a été donné lecture et qui stipule la garantie d'amortissement de 1 0/0 par la liste civile de

S. A. et d'intérêt à 5 0/0 par les Daïras Sanieh et Khassa et la liste civile, les revenus des Daïras devant, jusqu'à concurrence de 6 0/0, être attribués exclusivement aux créanciers et, au delà de 6 0/0, être distribués dans une certaine proportion.

§ II.

Séance du 25 avril 1877. (*Extraits.*)

Approbation du projet d'arrangement.

M. le Gouverneur fait connaître que le Khédive ayant adhéré au projet de règlement des dettes de la Daïra, dont les bases ont été communiquées au Conseil, dans la séance du 11 avril, l'arrangement définitif est sur le point d'être signé entre le fondé de pouvoirs du Vice-Roi et les représentants de la Dette flottante et de la Dette consolidée.

Les principales dispositions de cet arrangement seraient les suivantes :

Les titres de l'Emprunt 1870 et les Bons de la Dette flottante seraient convertis en un titre unique, garanti par une hypothèque régulière sur toutes les propriétés des Daïras Sanieh et Khassa.

Le Khédive abandonnerait à ses créanciers tous les revenus de ces deux Daïras, dont l'Administration serait confiée à une Commission de trois membres, dont deux seraient désignés par les créanciers eux-mêmes.

Ces revenus seraient d'abord employés à payer un intérêt de 5 0/0 de la valeur nominale des titres, et s'ils n'étaient pas suffisants pour assurer le service de cet intérêt minimum de 5 0/0, le Khédive compléterait la somme nécessaire sur sa liste civile, jusqu'à concurrence de 250,000 £.

Alors même que les revenus des deux Daïras permettraient de payer cet intérêt de 5 0/0, le Khédive n'en devrait pas moins abandonner, sur sa liste civile, une somme annuelle représentant 1 0/0 de la dette en circulation, pour être employée à l'amortissement.

Si les revenus atteignaient 6 0/0, 5 0/0 seraient consacrés au service des intérêts et 1 0/0 à l'amortissement, la liste civile devant aussi employer sa subvention fixe de 1 0/0 à l'amortissement.

Si les revenus atteignaient 7 0/0, 5 0/0 seraient consacrés au service des intérêts, 1 0/0 à l'amortissement, et 1 0/0 à un dividende supplémentaire, la liste civile continuant encore à employer sa subvention fixe de 1 0/0 à l'amortissement.

Enfin, si les revenus atteignaient 8 0/0, 5 0/0 seraient consacrés au service des intérêts, 2 0/0 à l'amortissement, et 1 0/0 à un dividende supplémentaire; la liste civile serait alors dégagée du payement de la subvention fixe de 1 0/0.

Jusqu'au moment où la dette serait réduite à 5,000,000 £, les amortissements se feraient par rachats publics, tant qu'il serait possible de les faire au-dessous de 75 0/0. Quand ces rachats ne pourraient plus s'effectuer au-dessous de ce cours ou à ce cours, ils seraient faits par tirages à 75 0/0.

Quand la dette serait réduite à 5,000,000 £, le service des intérêts se ferait à 7 0/0 et l'amortissement à 1 0/0, au pair, par voie de tirages.

Le Khédive consentirait à accorder une majoration de 10 0/0 du nominal de leurs titres aux porteurs de Bons de la Daïra sur Mallieh. Il serait créé, à cet effet, un titre spécial du montant de cette somme, auquel le Khédive affecterait la somme nécessaire, prise sur le restant de sa liste civile, pour servir aux porteurs un intérêt de 5 0/0 et 2 0/0 d'amortissement fixes. Les amortissements se feraient par rachats publics, tant qu'il serait possible de les faire au-dessous ou au cours de 75 0/0. En cas contraire, ils se feraient par tirages à 75 0/0.

. . . .
. . . .

Le Conseil, après discussion,

Considérant que, dans les circonstances actuelles, il est essentiel d'arriver à un règlement des dettes de la Daïra et qu'il importe, plus que jamais, de maintenir l'accord avec les créanciers anglais;

Approuve le projet d'arrangement avec le Khédive, sur les bases qui ont été indiquées et donne pleins pouvoirs à M. le Gouverneur pour signer le traité définitif.

COMPTE RENDU
DU
MEETING DES CRÉANCIERS DE LA DAÏRA D'ÉGYPTE

Tenu à Londres

CITY TERMINUS HOTEL, CANNON STREET

Le jeudi 3 mai 1877(1)

(Présidence du très-honorable EDWARD PLEYDELL BOUVERIE.*)*

M. Hyde Clarke, secrétaire du Conseil des porteurs de Bons étrangers, donne lecture de l'annonce de convocation du Meeting :

Égypte. — Daïra.

Un meeting général des créanciers de la Daïra d'Égypte sera tenu le jeudi 3 mai, à 2 heures de l'après-midi, à City Terminus hotel, Cannon street, pour entendre un exposé du très-honorable *George J. Goschen,* membre du Parlement. — La séance sera présidée par le très-honorable E.-P. Bouverie, président du Conseil des porteurs de Bons étrangers.

HYDE CLARKE,
secrétaire.
(Conseil des porteurs de Bons étrangers.)
17, Moorgate Street. E. C 27 avril 1877.

M. le Président. — Mesdames et Messieurs, vous connaissez l'objet

---

(1) Traduction de la brochure publiée à Londres : *Statement of the Right. Hon. G. J. Goschen, M. P. at the general Meeting held on thursday 3rd may 1877.*

général en vue duquel vous avez été convoqués à la réunion d'aujourd'hui. Sans doute vous aurez suivi, de plus ou moins près, avec plus ou moins d'intérêt, l'histoire des transactions qui ont eu lieu, dans le courant des douze derniers mois, au sujet des Dettes égyptiennes.

Quand M. Goschen entreprit, de la manière généreuse et courageuse que vous savez, d'arranger ces affaires, il stipula d'abord qu'il ne serait appelé, dans aucune circonstance, à aller en Égypte pour y suivre les négociations. Mais, une fois le travail commencé, son importance et sa complexité devinrent pour lui chaque jour plus évidentes et il trouva nécessaire de mettre de côté ses convenances personnelles et, comme vous savez, il s'est rendu en Égypte, l'automne dernier, pour arranger, s'il le pouvait, les affaires financières du Gouvernement Egyptien dans l'intérêt des créanciers anglais et français. Il était accompagné d'un délégué français représentant plus spécialement les intérêts de ses compatriotes. Revenu en Angleterre, il convoqua un meeting des porteurs de titres de la Dette Égyptienne et fit à cette assemblée un exposé dont la plupart d'entre vous ont, sans doute, conservé le souvenir, un exposé d'une grande clarté et d'une précision parfaite, sur les résultats de ses démarches et sur les arrangements qu'il avait déjà conclus ou comptait conclure en Égypte (1).

Une partie de l'arrangement qu'il fit alors et qui a été ensuite mis à exécution, dans ses traits principaux, au grand avantage de tous les intérêts du Gouvernement Égyptien comme des créanciers (*bondholders*) égyptiens, une partie de cet arrangement comprenait l'examen de la valeur spéciale dont vous êtes porteurs, c'est-à-dire de la Dette de la Daïra et des titres du souverain d'Egypte, qui ont pour gage son domaine privé.

Ainsi que M. Goschen l'a expliqué à cette époque, il était nécessaire de faire une distinction entre cette partie de la Dette Égyptienne et la Dette générale du pays. Cette valeur spéciale est comparativement une petite partie des Dettes Egyptiennes. Je crois qu'on peut la considérer en gros, comme formant le 1/10 de la Dette Egyptienne, je veux dire de la Dette Egyptienne en totalité, qui montait à environ 90,000,000 £. La dette de la Daïra était de 9,000,000 £ et, sur ces 9,000,000 £, les

---

(1) Meeting du 28 novembre 1876. — Voir ci-dessus, page 5.

2/3 étaient assis sur les terres de la Daïra, tandis que l'autre tiers, environ 3,000,000 £, était une dette flottante générale existant contre la Daïra.

M. Goschen, dans l'exposé qu'il fit alors, fit remarquer que cette partie de la Dette du Vice-Roi se trouvait dans des circonstances si particulières et dans des conditions si spéciales qu'elle exigeait un traitement séparé et un mûr examen. Aussi, comme vous vous en souvenez, il tint un nouveau Meeting, vers le milieu de décembre 1876 (1). J'ai eu le grand regret de ne pouvoir assister à ce Meeting, où il fit l'exposé de la situation de la Daïra, et de ce qui pourrait être fait en vue d'un arrangement de cette portion de la Dette égyptienne. Le Meeting, à cette époque, en dépit de la requête de M. Goschen, qui demandait à l'Assemblée de lui donner pour coopérateurs et pour assistants quelques personnes choisies par elle et prises dans son sein, pour réunir leurs efforts aux siens et faire aboutir cet arrangement à une conclusion ; le Meeting, dis-je, demanda à M. Goschen, et très-sagement, j'ose le penser, de conserver l'affaire tout entière dans ses seules mains, de faire pour les créanciers le mieux qu'il pourrait, et, en fin de compte, le délégua seul, avec de pleins pouvoirs, pour agir et traiter, pour leur compte, de la manière qu'il croirait le plus utile à leurs intérêts. (*Écoutez ! Écoutez !*)

Messieurs, depuis cette époque, M. Goschen n'a cessé de travailler à l'accomplissement de cette tâche. Il s'est assuré le concours d'un homme qui possède de grandes connaissances légales et une grande habileté, et qui est parti pour l'Egypte, avec la mission d'élucider quelques-unes des particularités relatives aux grands domaines de la Daïra. Cet homme distingué est revenu dernièrement, et son rapport sur les domaines de la Daïra est, je crois, entre vos mains, en ce moment même (2).

M. Goschen est donc aujourd'hui, je pense, en mesure d'exposer devant vous le plan qu'il a élaboré pour vous donner, j'espère, satisfaction, en ce qui touche les engagements de l'Egypte envers vous. Je ne veux donc pas vous retenir plus longtemps par des observations préliminaires plus étendues, et je n'ai pas besoin de vous demander de prêter au très-honorable gentleman une complète et patiente attention, pour écouter ce qu'il a à nous dire. (*Écoutez ! Écoutez !*)

---

(1) Meeting du 12 décembre 1876. Page 7.
(2) Rapport de M. Sindars. Page 51.

Le très-honorable G.-J. GOSCHEN, *membre du Parlement,* est accueilli, au moment où il se lève, par des applaudissements, et s'exprime ainsi :

Messieurs,

M. Bouverie a fait allusion au désir que j'avais ressenti d'être dispensé du devoir de pousser plus avant ces négociations, au delà de l'époque où le Parlement devait se réunir ; mais je suis obligé de dire que j'ai trouvé, lorsque ce moment fut arrivé, que les négociations étaient encore si compliquées, et, d'un autre côté, qu'il y avait de si favorables chances, avec de la patience et de la continuité dans les efforts, de faire arriver ces arrangements à une heureuse issue, que j'ai pensé qu'il ne m'était pas permis d'abandonner la tâche que vous aviez remise entre mes mains. (*Ecoutez! Ecoutez!*)

Messieurs, je reconnais que l'ensemble de ces négociations a exigé beaucoup de temps et d'étude ; mais, si j'ai ressenti toute la longueur des délais qu'il a fallu subir pour arriver à une conclusion, ce n'est pas pour mes convenances personnelles, c'est à cause des lettres de détresse que je recevais continuellement, de la part de nombreux porteurs de titres, dont le langage montrait combien grande était leur anxiété et quelle grande patience il leur fallait pour attendre le règlement de cette affaire. Mais tous ceux d'entre nous qui ont été intéressés et engagés dans ces négociations, ont su qu'il était impossible de les conduire plus rapidement, si l'on voulait arriver à un arrangement solide et sérieux. Les difficultés, ainsi que je vous l'ai dit, lorsque j'ai eu dernièrement l'honneur de vous réunir, ne consistaient pas seulement dans les conditions à arrêter entre le Vice-Roi et ses créanciers, mais de nombreuses instances avaient déjà été commencées ; et je désire appeler, dès le commencement de mes observations, votre attention tout particulièrement sur ce point, qu'il ne s'agit pas ici de questions qui pouvaient être réglées par un simple décret du Vice-Roi, comme cela aurait été possible, comme cela a pu se faire, pour la dette du Gouvernement. Il faut que tout arrangement que l'on fait soit sanctionné pour les Cours en Egypte, et, par suite, il était nécessaire de s'assurer, à la fois de la forme dans laquelle un arrangement quelconque aurait à être porté devant les Cours, et de la disposition générale de ces mêmes Cours, en ce qui touche ce mode d'arrangement.

Les Cours, naturellement, n'auraient pas à intervenir entre les désirs du débiteur et l'assentiment des créanciers, si les uns et les autres étaient arrivés à une parfaite entente mutuelle; mais, pour être en mesure de lier une minorité, dans un cas semblable à celui-ci, il était absolument nécessaire que l'affaire passât par les Cours internationales d'Égypte ; et telle a été l'une des raisons qui ont amené de si longs délais.

. En premier lieu, Messieurs, je considère qu'il est de mon devoir de vous dire que, bien que ces négociations se soient prolongées, nous ne pouvons pas nous plaindre de n'avoir pas rencontré, de la part du Vice-Roi, de bonnes dispositions à s'entendre avec nous. (*Ecoutez! écoutez!*)

Il a été dans une position très-difficile, depuis le commencement. Des procès ont été entamés contre lui ; mais sachant l'importance qui peut être attachée à ce que je dis, je déclare que dans les négociations relatives à la Daïra, le Vice-Roi, selon ma conviction, a recherché, avec une sollicitude et un désir sincères, à arriver à un arrangement satisfaisant pour ses créanciers. (*Applaudissements.*)

Messieurs, je saisis cette occasion de revenir sur une remarque de M. Bouverie, qui vous a dit que, dans leurs traits principaux, les arrangements faits par nous, en novembre dernier, pour la Dette générale, avaient été exécutés. Cette affirmation peut, selon moi, être faite d'une manière plus absolue ; ce n'est pas seulement dans leurs traits principaux, mais dans leur entier, que ces arrangements ont été exécutés par le Vice-Roi. (*Applaudissements.*) Sans doute, Son Altesse ne peut pas s'étonner qu'après une suspension de payements, puisque c'est là ce qui a eu lieu en réalité, il soit difficile, et que ce doive être seulement l'œuvre lente du temps, d'écarter cette grande défiance et ce discrédit qui se sont appesantis sur les finances d'Égypte et qui sont nés de ce que, l'année dernière, le Gouvernement et aussi le Vice-Roi, comme particulier, ont manqué à remplir leurs engagements. Mais, depuis l'arrangement de novembre dernier, je puis dire, ayant été en correspondance continuelle avec l'Egypte, en ce qui regarde ces arrangements, que le Vice-Roi, autant que nous en pouvons juger, et d'après toutes les preuves qui m'ont été données par des personnes d'une haute position en Egypte et d'un jugement parfaitement indépendant, s'est efforcé et, je le crois, s'efforce, en ce moment même, d'exécuter loyalement l'arrangement qu'il a fait à cette époque. (*Applaudissements.*) La pression exercée sur lui a naturellement été grande et le contrôle qui a été établi ne peut qu'avoir été gênant pour un souverain qui, auparavant, pouvait gouverner comme il le voulait ses finances ; mais Son Altesse a supporté ce contrôle avec patience, et, autant que j'en puis parler, je n'ai vu aucun indice d'une intention quelconque d'échapper à ce contrôle auquel il a donné alors son assentiment. Messieurs, j'ai senti qu'il était de mon devoir, en présence de tout ce qui se dit dans un sens contraire, de faire cette déclaration ; j'ai pensé que c'était une obligation envers le Vice-Roi de parler comme je le fais ici. (*Applaudissements.*) Dans ce temps d'immense anxiété en Égypte, quand un souverain, s'il avait voulu se débarrasser de tous les scrupules et chercher seulement une excuse, aurait pu prendre pour seul guide de sa conduite le vœu de son suzerain et saisir cette occasion de chercher à obtenir une modification de ses engagements, nous voyons que le Vice-Roi a, au contraire, pris ce moment pour déclarer publiquement et solennellement qu'il se propose de faire de son mieux pour remplir ses engagements envers ses créanciers, engagements qu'il place en première ligne assurément. Quoique cela n'ait pas trait spécialement à l'arrangement particulier de la Daïra, tous ceux qui ont des intérêts en Égypte accueilleront assurément, avec quelque plaisir, ce que j'ai été en mesure de dire sur ce point si important. (*Bruyants applaudissements.*)

Maintenant, Messieurs, vous vous souviendrez que j'ai exposé devant vous les difficultés et les complications diverses qui environnent cette question de la Daïra. Nous avons vu bientôt, en approfondissant le sujet, que le seul moyen d'arriver à une conclusion était de faire complétement étudier la matière, en Égypte, par des personnes qui fussent en état, par leur habileté générale, de jeter sur la situation la vue éclairée des hommes d'affaires et qui eussent des connaissances juridiques leur permettant de juger quelles mesures légales devaient être prises. Mon ami, M. Sandars, a été assez bon pour vouloir bien entreprendre cette mission en Égypte, et il a été accompagné par un gentleman français, dont la loyauté, dont la science juridique sont reconnues par M. Sandars, dans les termes de la plus haute estime : M. Jozon. Ces deux messieurs sont allés en Égypte.

Le Conseil des Bondholders étrangers a facilité cet arrangement, en consentant à faire l'avance des frais exigés par le voyage de M. Sandars, et naturellement, il sera nécessaire d'obtenir le remboursement de ces dépenses, lors de la conclusion des négociations. (*Ecoutez, écoutez.*) M. Sandars et M. Jozon sont allés en Egypte, et M. Sandars lui-même vous fera aujourd'hui un exposé qui résumera les diverses données que son collègue et lui ont recueillies en Egypte. Ils avaient à examiner deux points : en premier lieu, la valeur des domaines ou les éléments de l'actif, si je puis parler ainsi, et ils avaient aussi, en second lieu, à examiner la position légale des différents créanciers, les uns à l'égard des autres, d'après le Code en vigueur en Egypte, et ils avaient enfin à examiner un point, qui est peut-être aussi important que les autres, à savoir, le moyen d'exécuter un arrangement quelconque. Messieurs, ils ont accompli cette mission avec une grande habileté, et je crois qu'ils nous seront encore utiles, dans les mois qui vont venir, pour donner une forme définitive à l'arrangement, si les créanciers acceptent les bases qui leur sont proposées. (*Applaudissements.*)

Vous vous souviendrez que, lors du dernier exposé que je vous ai fait, je vous ai parlé des revenus de la Daïra : ces revenus ont été examinés à fond par M. Sandars, et je crois pouvoir dire, comme l'expression du résultat général auquel il est arrivé, que les revenus de la Daïra proprement dite, c'est-à-dire, des domaines du Vice-Roi qui composent la Daïra et qui sont généralement connus et indiqués comme constituant la Daïra, peuvent être estimés avec sûreté à 400,000 £ et que le revenu de la Daïra additionnelle — *la Daïra Khassa* — que le Vice-Roi a abandonnée aux créanciers en novembre dernier, par la lettre que j'ai lue à notre dernière réunion, peut être estimé à 50,000 £ par an. De telle sorte que les deux Daïras réunies donneraient un revenu que je puis, je l'espère, appeler un revenu minimum, en tous cas dans les années ordinaires, de 450,000 £. Cela donnerait sur les 9,000,000 £ qui constituent la Dette de la Daïra, un intérêt annuel de 5 0/0.

Dans l'exposé que je faisais, en novembre, je disais : « Il y a une va-
« leur dans les domaines, mais, en ce qui touche le montant de l'intérêt
« qui pourra être payé, je crains qu'il ne soit impossible de faire au-
« cune déclaration sûre, si les créanciers ne parviennent pas à persua-
« der au Vice-Roi de leur garantir un intérêt minimum, dont ils se con-
« tenteraient probablement ; cette garantie leur serait donnée en échange
« de quelques concessions qu'ils pourraient consentir à faire au Vice-
« Roi. Je suis sûr que nombre de personnes ici présentes préféreraient un

« faible taux d'intérêt, pourvu qu'il leur fût convenablement garanti, à
« une sorte de spéculation, dans laquelle ils se trouveraient engagés mal-
« gré eux, et qui consisterait à recevoir, dans les bonnes années, un
« intérêt plus fort, et, dans les mauvaises années, un intérêt moindre. »

Messieurs, tel était, je pense, le sentiment de la réunion; mais, dans tous les cas, c'était fortement ma conviction que, quel que fût cet intérêt minimum qui fût accordé aux créanciers, il devait être assuré de telle façon que les créanciers pussent avoir autant de sécurité pour leur payement qu'il est possible d'en avoir pour des fonds publics de cet ordre, c'est-à-dire, qu'ils pussent avoir cette confiance, de n'être pas obligés de surveiller avec anxiété le prix des sucres ou des farines, ou des autres produits agricoles que donnent ces domaines et de pouvoir toujours compter recevoir leurs 5 0/0. D'après ce principe, nous avons dirigé tous nos efforts vers ce but : obtenir du Vice-Roi une garantie qui assurât aux créanciers 5 0/0, dans presque toutes les circonstances, sinon dans toutes, et je puis maintenant vous faire connaître le résultat de ces efforts. Le Vice-Roi a une liste civile de 300,000 £. Telle est la somme qui lui est payée, d'après les nouveaux arrangements, par les contrôleurs, et qui est prise sur le revenu public. Après de longues négociations et des propositions variées, le Vice-Roi a consenti à ce que la liste civile fût mise au service des créanciers, pour assurer la solidité du nouvel arrangement. Sur cette liste civile (je parlerai tout à l'heure du surplus de 50,000 £) 250,000 £, doivent être assignées aux créanciers comme une garantie que, s'il y avait un déficit dans le 5 0/0 qu'on espère obtenir à l'aide des revenus de la Daïra, cette somme de 250,000 £ serait employée pour parfaire la différence. Le revenu est estimé à 450,000 £. Si l'on suppose qu'il ne soit, une certaine année, que de 300,000 £, le Vice-Roi aurait alors à contribuer pour 150,000 £, afin de compléter le montant nécessaire ; ou si le revenu d'une certaine année n'était que de 250,000 £, le Vice-Roi aurait à contribuer pour 200,000 £. Vous voyez ainsi, je pense, qu'indépendamment de ce qui est considéré comme une estimation sûre, et, certainement, non comme une évaluation maximum du revenu annuel des domaines, c'est-à-dire 450,000 £, vous obtenez encore une seconde garantie dans les 250,000 £ pris sur la liste civile du Vice-Roi. (*Ecoutez, écoutez.*) Cet argent n'est pas entièrement à la libre disposition du Vice-Roi; il reste, au contraire, comme garantie pour les créanciers, entre les mains des contrôleurs institués en Egypte, qui ont le contrôle général des fonds et des revenus du Gouvernement. (*Applaudissements.*) Maintenant, Messieurs, je suis parti de ce point que vous obtenez un minimum de 5 0/0 qui vous est garanti, je puis dire, de telle façon que vous serez moralement certains, dans les circonstances ordinaires, d'être payés; je dis les circonstances ordinaires, parce que, s'il y avait un manque absolu de récoltes, vous ne pourriez pas demander au Vice-Roi plus que ces 250,000 £, puisque c'est là tout ce que la liste civile peut fournir ; mais jusqu'à concurrence de cette somme, un déficit quelconque dans les recettes provenant des revenus de la Daïra, et ces recettes ont été modérément évaluées, serait comblé par cette contribution.

Maintenant, une question s'élève (l'arrangement est un peu compliqué, mais je m'efforcerai de le rendre aussi clair que je pourrai) : Supposez que les domaines donnent plus que 5 0/0 (lequel 5 0/0 monte à 450,000 £); supposez qu'avec une bonne année pour la récolte du sucre, les domaines produisent plus, que fera-t-on de ce surplus? — Si les domaines donnent 6 0/0, alors cet 1 0/0 additionnel est destiné à être employé, comme un fonds d'amortissement, pour acheter des titres sur le marché et les annuler, de manière à réduire le montant de la Dette. A parler en gros, 1 0/0 sur la Dette représente aujourd'hui 90,000 £. Si le prix des titres s'élevait à 50 0/0 (c'est-à-dire 250 francs), alors, avec ces 90,000 £, vous seriez en mesure d'annuler une valeur de titres de 180,000 £.

Messieurs, j'espère être parvenu à me faire clairement comprendre. 1 0/0 sur ces titres représenterait 90,000 £, et, s'ils étaient à 50 0/0, vous annuleriez environ 180,000 £, c'est-à-dire le double de la somme argent que vous auriez employée. Maintenant supposez que les revenus s'élèvent à 7 0/0 — c'est-à-dire au dessus de 6 0/0, et entre 6 et 7 0/0 — la somme additionnelle est destinée à être donnée comme un dividende supplémentaire aux créanciers; de sorte que, si les domaines rapportaient 7 0/0, les créanciers recevraient 6 0/0 et 1 0/0 serait employé comme fonds d'amortissement ; mais le fonds d'amortissement de 1 0/0 a été mis avant le 1 0/0 du dividende additionnel destiné aux créanciers, afin d'assurer une rapide diminution de la Dette, et vous voudrez bien retenir dans votre esprit cette considération que, plus la Dette est réduite rapidement, plus s'accroît la garantie de la Dette qui reste encore non éteinte, puisque les revenus qui forment son gage restent sans changements et avec toute leur étendue, tandis qu'au contraire la Dette diminue d'importance et de volume. (*Applaudissements.*)

Maintenant, Messieurs, ce n'est pas là tout l'arrangement. Le principe qu'il doit y avoir un fonds d'amortissement s'est imposé si fortement à l'esprit des négociateurs et, je crois pouvoir dire aussi, si fortement à l'esprit du Vice-Roi, que ce prince a fait encore cette concession qu'il donnera toujours, à moins qu'il ne soit appelé par la garantie qu'il a consentie à combler le déficit sur les 5 0/0, une subvention annuelle, — non pas une garantie, mais de l'argent comptant, à débourser immédiatement, — de 90,000 £ qui seront employées à acheter et à annuler des titres. Ce sera là, je pense, dans tous les cas, le résultat ordinaire de la première année. Il y a un dividende de 5 0/0 garanti par les domaines. c'est-à-dire que les domaines donnent 450,000 £, ce qui est 5 0/0 sur les 9,000,000 £. Le Vice-Roi devrait alors, à côté des 450,000 £, payer, sur sa liste civile, 90,000 £ par an, pour former un fonds d'amortissement; vous comprendrez alors que, si les revenus s'élèvent à 6 0/0 — dans lequel cas, comme vous vous en souvenez, le 1 0/0 va au fonds d'amortissement — il y aurait 1 0/0 provenant des revenus de la Daïra et 1 0/0 donné par le Vice-Roi, de sorte qu'il y aurait 2 0/0 à employer en achats de titres; et le montant de la dette à annuler, si le prix était à 50 0/0, serait de 360,000 £ par an. Si les revenus s'élèvent au-dessus de 7 0/0 — ou plutôt, je devrais dire, s'élèvent à 8 0/0 — alors le Vice-Roi serait déchargé de sa contribution de 90,000 £ par an ; mais, peut-être, a-t-on encore un peu de chemin à faire avant d'en arriver là ; en tout cas, si les revenus s'élevaient à 8 0/0, je pense que vous seriez satisfaits et que vous considéreriez que cet arrangement n'est pas mauvais. Ce que nous voyons dans l'avenir est donc, je puis le dire, ceci que : si les choses vont bien, si 7 0/0 est ce que les domaines doivent donner en dernière analyse, il y aurait une attribution de 6 0/0 aux créanciers, et un fonds d'amortissement de 2 0 0 à employer en achats sur le marché, jusqu'à ce que la Dette soit réduite à 5,000,000 £.; suivant l'analogie de l'arrangement qui a été fait pour la Dette unifiée; les achats seraient faits sur le marché, jusqu'à ce que le prix ait atteint 75, et à partir de 75, ils seraient payés par des tirages annuels à 75.

Messieurs, j'espère vous avoir exposé le sujet aussi clairement que possible ; je devrais ajouter, sans entrer dans le détail, quelques explications sur les dispositions secondaires. Si les revenus s'élevaient au-dessus de 7 ou 8 0/0, la totalité du surplus serait employée à acheter et à annuler des titres, jusqu'à ce que la Dette fût réduite à 5,000,000 £. Alors, quand la Dette sera réduite à 5,000,000 £, le payement de 7 0/0 d'intérêt doit être repris, avec un fonds d'amortissement de 1 0/0, et le Vice-Roi continuera à garantir cet engagement par 100,000 £ prises annuellement sur sa liste civile. (*Ecoutez! Ecoutez!*) Maintenant, je désire, pour que vous puissiez comprendre complétement la combinaison, placer sous vos yeux ce fait que plus la Dette est réduite, plus s'accroîtront vos espérances et votre attente légitime de recevoir 6 0/0, même avant que la Dette n'ait été réduite à 5,000,000 £; parce que, si aujourd'hui 450,000 £ suffisent pour payer 5 0/0, sur une Dette de 9,000,000 £, les mêmes 450,000 £ seront suffisantes pour payer un plus large intérêt, quand la Dette ne sera plus de 9,000,000 £, mais sera réduite à 8, ou 7, ou 6,000,000 £. (*Applaudissements.*) Tel est l'arrangement général que je me suis efforcé de rendre clair autant que j'ai pu, et je serai très-heureux de répondre à toutes les questions qui me seraient adressées.

Maintenant, Messieurs, mon exposé ne serait certainement pas complet, si je ne vous parlais aussi de l'intérêt arriéré. Il y a douze mois d'intérêts dus, et cette question se pose : Que doit-il être fait quant à l'intérêt arriéré ? — Au commencement de cette année, le Vice-Roi, lui-même, a pris l'initiative de conclure un engagement de livrer la récolte de sucre de l'année 1876-1877, qui s'est faite dans les premiers mois de cette année, à la Banque Franco-Égyptienne, c'est-à-dire l'établissement qui a émis l'Emprunt de 1870. Le prix de cette récolte doit être conservé par cette banque, en dépôt, et l'on s'est assuré ainsi qu'aucun créancier particulier de la Daïra ne pourrait se créer un avantage illégitime sur les autres créanciers, en recevant seul les fonds qui appartiennent à la totalité de la Dette ; on a également prévenu ainsi tout danger de voir ces fonds réclamés pour aucune autre destination. On a annoncé dans les journaux que la totalité du prix de la récolte devait faire l'objet d'un envoi, et on en parlait comme si la somme tout entière était à distribuer; mais il va de soi qu'il faut bien quelque argent pour mener les affaires du domaine. La récolte du sucre est l'une des grandes récoltes sur lesquelles repose l'exploitation du domaine. Cette année, les prix du sucre ont été, je crois, très-élevés, et la quantité, je parle sans en avoir une connaissance absolument précise, la quantité est de 775,000 cantars, c'est-à-dire un peu plus de 30,000 tonnes de sucre. Sur ces 775,000 cantars, 500,000 sont déjà à Alexandrie, et le surplus, 275,000, est en magasin au nom de la Franco-Egyptian Bank, et ainsi, ils sont, en effet, en dépôt pour le compte des créanciers. (*Applaudissements.*) Le sucre a été vendu en un seul lot, je crois, et la somme, que l'on pense réaliser, est d'environ 770,000 £. (*Applaudissements.*) Cette somme est assurée aux créanciers de la Daïra ; mais elle a naturellement à supporter les dépenses d'exploitation des domaines, elle a à subir le prélèvement des impôts auxquels les domaines sont assujettis, impôts qui s'élèvent à 160,000 £ ; mais le solde qui restera sera certainement assez large pour assurer le payement de 5 0/0, non-seulement sur les douze mois arriérés, mais sur deux autres mois encore, de telle sorte que tout porteur de l'Emprunt 1870 recevra 5 0/0 pour douze mois, et 5 0/0 pour deux mois, ce qui mettra l'intérêt à jour jusqu'au 1ᵉʳ juin. (*Applaudissements.*) Les porteurs de la Dette flottante recevront 5 0/0, depuis la date à laquelle leurs titres sont échus ; tout le monde est traité de la même manière, sous ce rapport, en ce que 5 0/0 seront payés sur l'intérêt arriéré. Maintenant, je sais bien qu'il y a beaucoup de personnes ici qui auraient infiniment préféré qu'on leur payât 7 0/0, et j'ai reçu des lettres m'indiquant que c'était là le point faible de l'arrangement et que nous aurions dû insister pour le 7 0/0. (*Non ! Non !*) Mais, Messieurs, veuillez bien nous croire, nous avons négocié, nous avons aspiré à obtenir le plus possible, et par dessus tout, nous avons aspiré de toutes nos forces, pendant ces trois dernières semaines, pendant cette période de véritable anxiété, à conduire cette affaire à une conclusion, et à terminer ces négociations. (*Ecoutez ! Ecoutez !*) Bien que nous ayons été, sur certains points, obligés de faire des concessions, nous considérons que nous avons obtenu une immense amélioration sur d'autres points. Je pense que cela devrait être pesé par les personnes qui m'entendent ; je sais combien le taux d'intérêt a d'importance pour beaucoup de porteurs qui ont à peine le moyen de perdre ; mais, considérez l'avenir ; considérez qu'en dehors des domaines, dont le revenu s'élève à 450,000 £ par an, l'arrangement vous procurera cette garantie, que vous seriez en mesure de recevoir un revenu nouveau de 250,000 £, s'il y avait un déficit ; et en comparaison de si larges concessions qui nous ont été faites par l'autre partie contractante, vous sentirez que cela a été une chose nécessaire pour nous de concéder çà et là certains points. (*Applaudissements.*) Nous regardons qu'il est d'une suprême importance de laisser aux mains du débiteur assez d'argent pour administrer les domaines ; c'est le seul moyen d'écarter la nécessité, soit de restreindre les plantations à faire sur les domaines, soit de recourir à d'autres ressources pour se procurer de l'argent. Dans l'intérêt des créanciers, nous avions besoin d'avoir un bon point de départ et de faire qu'il n'y eût aucune inquiétude, par exemple, à l'égard du prochain coupon ; mais, si nous n'avions pas d'argent pour exploiter les Domaines, pour planter ou pour payer les taxes, ou pour faire marcher l'ensemble de l'Administration, la confusion aurait suivi de très-près le commencement même de l'exploitation : telle est l'explication des motifs qui nous ont fait agir.

Maintenant, Messieurs, je n'ai plus qu'un point à vous expliquer : Dans le décret du 7 mai, un boni de 25 0/0 était accordé aux porteurs de la Dette flottante ; dans le décret du 18 novembre, le boni des porteurs de la Dette flottante de l'État était réduit de 25 0/0 à 10 0/0. Il y a eu des discussions animées et vives, quoiqu'à tout prendre toujours amicales, entre les représentants des diverses classes de Dettes, et, en fin de compte, la difficulté relative au boni de 10 0/0 a été résolue par le Vice-Roi de la manière suivante : — Pour concourir avec les vues de ceux qui, comme moi-même, étaient très-fortement de cette opinion que le boni ou la prime ne devait pas peser sur les domaines de la Daïra et accroître le montant de sa Dette, au détriment des autres créanciers, pour résoudre cette difficulté, et pourtant, pour satisfaire les porteurs de la Dette flottante, ainsi que le Vice-Roi le désirait lui-même, ce prince a proposé qu'un boni de 10 0/0, analogue à celui qui a été payé sur la Dette du Gouvernement, fût accordé aux porteurs de la Dette flottante, mais sous la condition que la charge de l'intérêt et du fonds d'amortissement, rendue nécessaire par cette prime, serait supportée par les 50,000 £ restant libres sur sa liste civile, de telle sorte que cette prime ne sera pas un fardeau pesant sur les arrangements généraux de la Daïra, et que, d'un autre côté, le Vice-Roi a donné satisfaction aux porteurs de la Dette flottante de la Daïra et aussi aux porteurs d'une classe particulière de traites tirées sur le Trésor par la Daïra, porteurs qui soutenaient qu'ayant une créance sur la Daïra, ils avaient droit d'obtenir quelque chose; mais la part qui a été faite aux réclamations de ces deux classes de créanciers n'ont entraîné aucun sacrifice pour la masse des créanciers. Il doit être créé une Dette spéciale qui s'élèvera à 600,000 ou 700,000 £, ou n'importe à quel chiffre à fixer définitivement; mais cette Dette n'affectera en rien les sécurités de payements d'intérêt et d'amortissement sur la Dette générale de l'année, et c'est le Vice-Roi personnellement qui fournira l'argent pour servir l'intérêt sur cette Dette spéciale. Cette Dette ne sera pas à la charge du domaine de la Daïra.

Maintenant, Messieurs, je crois avoir exposé devant vous l'ensemble des arrangements financiers; le surplus est conforme à ce qui vous avait été offert le 18 novembre, c'est-à-dire que l'ensemble des domaines doit être légalement et régulièrement hypothéqué aux créanciers. L'Administration doit être placée entre les mains de deux Européens nommés par les créanciers, et d'un représentant du Vice-Roi. Ils auront à statuer sur toutes les questions importantes et à surveiller l'administration des domaines. Nous sommes encore en négociations, en ce qui regarde d'autres détails destinés à permettre que les créanciers aient la garantie de comptes publiés et vérifiés, portant sur l'ensemble des affaires de la Daïra. Nous avons le désir que, chaque année, vous puissiez connaître avec précision sa situation, et nous nous efforcerons de faire des arrangements, qui doivent naturellement être l'objet de négociations ultérieures, mais qui seront de nature à établir un contrôle satisfaisant pour les créanciers.

Messieurs, telles sont les bases générales de l'arrangement que nous avons à vous proposer. (*Applaudissements.*) Ils doivent être plus tard formulés dans un titre officiel; aussi je dois vous faire connaître que vous avez aujourd'hui plus à faire qu'à voter simplement l'acceptation de l'arrangement général, si toutefois il vous convient de le voter; vous avez à prouver aux Cours judiciaires qu'il y a ici une majorité en faveur de cet arrangement. Par suite, il sera peut-être nécessaire qu'aussitôt que l'arrangement aura été mis dans une forme officielle, vous vous réunissiez, que vous fassiez enregistrer vos titres ou que vous accomplissiez quelque autre formalité qui vous sera indiquée et qui constatera votre assentiment officiel et légal. Je dois sérieusement avertir chacun des porteurs ici présents, qu'il ne doit pas s'imaginer qu'une majorité suffisante se trouvera réunie, sans qu'il ait à prendre la peine d'agir lui-même, en ce qui le concerne. Tout le succès de cette négociation peut dépendre de la réunion de la majorité nécessaire, et je suis sûr que, si vous voulez bien envisager l'intérêt profond que vous avez tous à cette affaire, vous serez d'avis qu'il sera indispensable, quand, par un avis public ou autrement, vous aurez reçu une indication nécessaire sur ce sujet, de faire les quelques démarches, sans lesquelles votre position officielle et légale ne peut être assurée. (*Ecoutez! écoutez!*)

Je suis certain que vous voudrez bien ne pas oublier cette recommandation. (*Applaudissements.*)

Maintenant, Messieurs, M. Sandars vous donnera, si vous le désirez, quelques détails sur les domaines. (*Bruyants applaudissements.*)

M. T. C. Sandars fait un exposé supplémentaire sur le sujet contenu dans son rapport qui a été remis entre les mains des membres du *Meeting*.

(Voir ce Rapport, p. 54.)

---

s résolutions suivantes ont été proposées et adoptées :

Proposée par le Président, appuyée par *M. Thomas* et votée :

« Le Meeting, après avoir entendu l'exposé de M. Goschen,
« approuve les termes de l'arrangement proposé, en ce qui
« touche la Dette de la Daïra, accepte, en conséquence, cet
« arrangement et prie M. Goschen de prendre toutes les mesu-
« res nécessaires pour arriver à son exécution. »

Proposée par le Président, appuyée par *M. E. Masterman* et votée :

« De cordiaux remerchnents sont adressés par ce Meeting

« des créanciers de la Daïra d'Egypte, au très-honorable George
« J. Goschen, membre du Parlement, pour le travail, l'attention
« et l'habileté qu'il a consacrés à la conduite des négociations
« et des arrangements pour le règlement de leurs créances. »

Proposée par le très-honorable M. Goschen, appuyée par *le Révérend William Hodgson*, et votée.

« Les remerciments de ce Meeting sont adressés au très-
« honorable Ed. Pleydell-Bouverie, Président du Conseil des
« Bondholders étrangers, pour la présidence de ce Meeting. »

V

CONVERSION

DES

DETTES DE LA DAÏRA SANIEH DE S. A. LE KHÉDIVE D'EGYPTE

§ I

Contrat du 12 Juillet 1877

ENTRE :

1° Son Excellence M. G. GOSCHEN,
2° M. Edmond JOUBERT,

Tous deux agissant au nom et pour le compte de leurs mandants, Anglais, Français et autres, porteurs de titres de l'Emprunt Daïra Sanieh 1870, et de bons de la dette flottante de la même Dairah Sanieh,

D'une part;

Et Son Excellence HASSAN-RASSEM-PACHA, directeur général de la Daïra Sanieh de Son Altesse le Khédive,
agissant au nom et pour le compte de ladite Daïra,

D'autre part;

Il a été convenu et arrêté ce qui suit :

TITRE PREMIER

Partie financière

§ I". — *Préliminaires.*

ARTICLE PREMIER

Les dettes de la Daïra Sanieh s'élèvent :

1° En titres de l'emprunt 1870, non amortis, à liv. st.	5.909.280
2° En bons Daïra, à liv. st.	2.906.150
Total. . . £.	8.815.430

Huit millions huit cent quinze mille quatre cent trente livres sterling.

ART. 2.

Cette somme sera convertie en une seule dette générale de la Daïra Sanieh, au moyen de nouveaux titres d'une valeur nominale égale à celle des anciens titres, qui seront présentés à la conversion.

Les nouveaux titres seront délivrés jouissance 15 octobre 1877, et produiront un intérêt minimum de 5 0/0 par an, pouvant s'élever jusqu'à 7 0/0 au maximum, ainsi qu'il en sera parlé ci-après à l'article 14, lorsque la dette générale sera réduite à 5,000,000 livres sterling.

Les intérêts arriérés, jusqu'au 14 octobre 1877, seront payés à raison de 5 0/0 par an ; ils seront calculés, pour l'emprunt 1870, à partir du dernier coupon payé, et pour les bons Daïra, à partir de leurs échéances respectives.

Le payement de tous les intérêts échus, jusqu'au 30 juin 1877, aura lieu le jour de la signature des présentes conventions.

Les intérêts à échoir, du 1er juillet au 14 octobre 1877, seront payés le 15 octobre, même année, date de la jouissance des nouveaux titres.

§ II. — *Service de la Dette avec les revenus seuls de la Daïra*

Art. 3.

Tous les revenus nets des propriétés de la Daïra Sanieh et de la Daïra Khassa, telles qu'elles sont indiquées aux tableaux n°⁵ 1 et 2 annexés aux présentes, sont abandonnés aux créanciers détenteurs de la dette générale de la Daïra dans les conditions suivantes :

Sur les revenus nets il sera servi un intérêt de 5 0/0 par an sur le nominal des titres en circulation et payable en deux semestrialités, le 15 avril et le 15 octobre de chaque année.

Si les revenus nets dépassent la somme nécessaire au service des 5 0/0 de la dette nominale en circulation, les excédants seront appliqués à un amortissement qui s'arrête à 1 0/0.

Après le service des intérêts à raison de 5 0/0, et de l'amortissement de 1 0/0, s'il y a encore excédant dans les revenus, il sera distribué aux porteurs un dividende, à titre d'intérêt supplémentaire, pouvant s'élever à 1 0/0. Toutefois, les porteurs n'auront droit à cet intérêt supplémentaire qu'après le payement des 5 0/0 d'intérêt et de 1 0/0 d'amortissement fournis exclusivement par les revenus des propriétés de la Daïra.

Les excédants des revenus, après le service des 5 0/0 d'intérêts, ne recevront néanmoins l'application des deux alinéas qui précèdent que dans le cas où ils ne seraient pas appelés à remplir d'autres obligations, aux termes de l'article douzième du présent contrat.

Art. 4.

Tout excédant sur les revenus, après le service de 5 0/0 d'intérêts, 1 0/0 d'amortissement et 1 0/0 d'intérêt supplémentaire, dégagera d'autant la subvention régulière de 1 0/0 de la liste civile dont il sera parlé ci-après, jusqu'à ce que les revenus de la Daïra permettent de servir : 5 0/0 d'intérêt, 2 0/0 d'amortissement et 1 0/0 d'intérêt supplémentaire. Ce jour-là, les excédants sur les propres revenus, après les 8 0/0, seront employés, en tout ou en partie, suivant le besoin, aux améliorations agricoles, industrielles et administratives de la Daïra. Après cet emploi, s'il y a encore excédant, il sera appliqué à un amortissement supplémentaire de la dette générale de la Daïra Sanieh, le tout sans préjudice de la réserve finale de l'article précédent.

Art. 5.

Pour garantir le service des intérêts et l'amortissement de la dette générale de la Daïra Sanieh, S. A. le Khédive consent une hypothèque régulière et en due forme :

1° Sur toutes les propriétés de la Daïra Sanieh, telles qu'elles sont indiquées au tableau n° 1 annexé aux présentes, et représentant une superficie de 431,975 feddans, y compris la superficie occupée par les entrepôts, les usines, les machines d'irrigation, les canaux et les digues, les chemins de fer agricoles, les bureaux de l'administration et les maisons du personnel ;

2° Sur 50,156 feddans de la Daïra Khassa de S. A. le Khédive, tels qu'ils sont indiqués au tableau n° 2 également annexé aux présentes, et qui font, dès aujourd'hui, partie intégrante des propriétés de la Daïra Sanieh.

Cette hypothèque comprend naturellement les usines, entrepôts, machines d'irrigation, bureaux de l'administration et maisons du personnel, en un mot toutes les bâtisses existantes sur lesdites propriétés, ainsi que le matériel affecté au service de celles-ci.

La présente hypothèque est substituée à toutes les hypothèques précédemment consenties en garantie de l'emprunt 1870 ou des bons de la Daïra. Toutes les mesures seront prises par les parties contractantes à l'effet d'assurer le premier rang à l'hypothèque consentie par le présent article, et d'obtenir mainlevée et radiation des hypothèques qui pourraient se trouver inscrites sur les mêmes propriétés.

§ III. *Service de la dette au moyen des revenus nets de la Daïra combinés avec la liste civile comme subvention régulière et garantie éventuelle.*

Art. 6.

Son Altesse abandonne, à partir du 1er janvier 1878, sur la liste civile, à titre de subvention régulière pour le service de la dette générale, pendant le temps et dans les conditions ci-après indiquées, une somme représentant 1 0/0 de la dette générale en circulation.

Cette somme sera servie, en totalité ou en partie, jusqu'au jour où les revenus nets de la Daïra, s'élevant à 8 0/0, auront permis de servir les 5 0/0 d'intérêts, d'appliquer 2 0/0 à l'amortissement et de distribuer 1 0/0 d'intérêt supplémentaire. Ce jour-là, la liste civile sera dégagée de toute charge, sauf à la reprendre si une décroissance dans les revenus l'exigeait.

Art. 7.

En outre, et pour assurer le minimum de 5 0/0 d'intérêt par an, dont il est question à l'article 3 ci-dessus, S. A. le Khédive consent, en cas de besoin, et si les revenus nets de la Daïra étaient insuffisants, à fournir la somme nécessaire pour le service de ce minimum d'intérêt de 5 0/0 jusqu'à concurrence de 250,000 livres sterling par an, prises sur la liste civile à partir du 1ᵉʳ janvier 1878, et comprenant, bien entendu, la subvention régulière de 1 0/0 prévue à l'article précédent.

Art. 8.

La récolte du sucre formant presque tous les revenus nets de la Daïra applicables au service de la dette générale, le Conseil supérieur de la Daïra, créé par l'article 18 ci-après, devra, vers la fin du mois de mars de chaque année, constater la situation de la récolte et présenter à ce sujet un rapport au Khédive, qui le fera parvenir à la Banque, dont il est parlé à l'article suivant. Si ce rapport établit la suffisance de la récolte pour faire face au service de l'intérêt de 5 0/0 de la dette en circulation, ou tout au moins la disponibilité d'une partie de la garantie éventuelle de la liste civile, cette partie sera tenue à la libre disposition de Son Altesse.

Un autre rapport sera présenté de la même manière, vers la fin du mois de septembre de chaque année, pour établir la partie ou la totalité disponible de la subvention régulière de 1 0/0 de la liste civile, qui sera, dès ce moment-là, tenue à la libre disposition du Khédive.

Art. 9.

Son Altesse le Khédive accréditera auprès du Ministère des finances une banque qui recevra régulièrement, dudit ministère, les mensualités de la liste civile, s'élevant chacune à 25,000 liv. sterling, et qui attendra la communication successive qui lui sera faite des deux rapports prévus à l'article précédent aux époques y indiquées, pour tenir les mensualités de la liste civile, soit à la libre disposition de celle-ci, soit à la disposition de la Daïra Sanieh, suivant la situation constatée par chaque rapport, sauf cependant la somme de 50,000 liv. st. par an affectée au service des majorations, qui font l'objet d'un contrat spécial passé avec la Daïra Khassa de Son Altesse le Khédive, laquelle somme devra recevoir l'application prévue par ledit contrat (1).

Art. 10.

Le Conseil supérieur de la Daïra devra, en outre, toutes les fois qu'un coupon est prêt, en annoncer le payement quinze jours avant l'échéance ; aussitôt le versement fait du coupon 5 0/0 du 15 octobre, le Conseil supérieur, se trouvant en mesure de procéder à l'achat des titres destinés à l'amortissement, conformément à l'article 14, devra le faire dans le courant du semestre suivant.

La remise des fonds à l'étranger se fera par lettres de change, à moins qu'il n'y ait avantage évident à expédier les fonds en groups ; en tous cas, le Conseil supérieur devra se concerter avec le Ministère des finances pour savoir si les remises doivent être faites en or, en groups ou en lettres de change, et se conformer à ses instructions.

Art. 11.

La subvention régulière de 1 0/0 étant, comme il est dit plus haut, comprise dans la somme de 250,000 liv. sterl. donnée en garantie éventuelle de l'intérêt de 5 0/0, il reste bien entendu que l'année où le service de cet intérêt exigerait des versements de la liste civile jusqu'à concurrence du montant total de la subvention régulière de 1 0/0, il n'y aurait pas d'amortissement. Si, toutefois, pour parfaire le service des 5 0/0 d'intérêts, la totalité de la subvention n'était pas nécessaire, la partie disponible de cette subvention de 1 0/0 serait appliquée à l'amortissement.

---

(1) Voir ci-après contrat du 13 juillet 1877, p. 103.

Art. 12.

Si, pendant une ou plusieurs années, la garantie de la liste civile venait à être invoquée au delà de la subvention régulière de 1 0/0, pour parfaire les intérêts de 5 0/0, les premiers excédants dans les revenus de l'année ou des années suivantes, y compris le 1 0/0 de la subvention de la liste civile (après le service des intérêts à 5 0/0) serviront avant tout à rembourser le Khédive des sommes avancées par la liste civile au delà du 1 0/0 de la subvention régulière, quel que soit le montant de ces avances.

Art. 13.

Les résultats du fonctionnement des revenus nets de la Daïra combinés avec la subvention ainsi que la garantie de la liste civile sont les suivants :

Si les revenus de la Daïra n'atteignent pas 5 0/0, la liste civile devra parfaire les revenus jusqu'à concurrence d'une somme de 250,000 liv. st., sans préjudice des dispositions de l'article précédent relatives au remboursement de l'avance faite au delà de 1 0/0 de la subvention régulière.

Si les revenus de la Daïra n'atteignent que 4 1/2 0/0, la liste civile devra appliquer, sur sa subvention régulière, demi pour cent aux intérêts et demi pour cent à l'amortissement.

Si les revenus de la Daïra atteignent 5 0/0, la liste civile devra appliquer sa subvention régulière de 1 0/0 à l'amortissement.

Si les revenus de la Daïra atteignent 6 0/0, 5 0/0 seront consacrés au service des intérêts, 1 0/0 à l'amortissement, et la liste civile devra aussi employer sa subvention régulière de 1 0/0 à l'amortissement.

Si les revenus de la Daïra atteignent 7 0/0, 5 0/0 seront consacrés au service des intérêts ; 1 0/0 de revenu ainsi que le 1 0/0 de la subvention régulière seront appliqués à l'amortissement, et 1 0/0 à l'intérêt supplémentaire.

Si les revenus de la Daïra atteignent 8 0/0, 5 0/0 seront consacrés au service des intérêts, 2 0/0 à l'amortissement, et 1 0/0 à l'intérêt supplémentaire, et la liste civile sera dégagée de sa subvention régulière de 1 0/0.

Si les revenus dépassent 8 0/0, les excédants recevront l'emploi qui leur est destiné à l'article 4.

Il est bien entendu que les excédants des revenus, après le service des intérêts à 5 0/0, ne recevront les applications qui leur sont désignées par les alinéas 5, 6, 7 et 8 du présent article, qu'après remboursement au Khédive, s'il y a lieu, des avances que la liste civile aurait faites au delà de la subvention régulière de 1 0/0, ainsi qu'il est dit à l'article 12 ci-dessus.

§ IV. — Réduction de la dette et amortissement.

Art. 14.

Jusqu'au moment où la dette générale sera réduite à 5 millions de livres sterling, les amortissements se feront par rachat public, tant qu'il sera possible de les faire au-dessous de ou au cours de 75 0/0. Le jour où ces rachats ne pourraient pas s'effectuer à ce cours ou au-dessous, les amortissements seront faits par tirages à 75 0/0.

Lorsque la dette sera réduite à 5,000,000 de livres sterling, le service des intérêts se fera à 7 0/0, et l'amortissement de 1 0/0 se fera au pair, par voie de tirage.

Ces services se feront par les revenus seuls de la Daïra; dans le cas où ces revenus dépasseraient le montant de ces services, les excédants seront tenus à la disposition du Khédive; par contre, et dans le cas où ils seraient insuffisants, le Khédive comblerait le déficit jusqu'à concurrence de 100,000 livres sterling prises sur la liste civile.

TITRE II.

Partie administrative.

Art. 15.

Pour assurer l'exécution régulière des dispositions qui précèdent et donner aux créanciers des garanties efficaces, tout en respectant les droits et la liberté d'action du Khédive, il sera institué deux contrôleurs de la Daïra.

Art. 16.

Les deux premiers contrôleurs seront nommés, un par M. Joubert, un autre par M. Goschen, comme représentants des créanciers. Ils devront être agréés par le Khédive (1).

Faute par MM. Goschen et Joubert de procéder à la nomination des premiers contrôleurs, ceux-ci seront nommés, dans les mêmes conditions, par d'autres délégués désignés à cet effet, selon le cas, soit par les porteurs réunis à Londres, soit par les porteurs réunis à Paris.

Un avis convoquant les porteurs à cet effet sera inséré par la Daïra Sanieh dans trois journaux principaux de chacune de ces villes, trente jours au moins avant la date fixée pour cette convocation.

Les premiers contrôleurs seront nommés pour deux ans.

Les contrôleurs seront ensuite nommés pour cinq ans.

Les contrôleurs sortants pourront toujours être renommés.

En cas de démission, de décès ou de renouvellement, et faute par MM. Goschen et Joubert de procéder à la nomination des contrôleurs remplaçants, sous l'agrément du Khédive, ceux-ci seront désignés au choix et à la nomination de Son Altesse par les contrôleurs généraux des finances.

Art. 17.

Les contrôleurs auront un droit absolu d'inspection et de contrôle. Ils pourront vérifier la comptabilité, s'assurer que tous les produits de la Daïra entrent bien dans les magasins, que toutes les recettes sont bien versées dans la caisse de la Daïra, et que le montant net en est affecté au payement des intérêts et du capital de la dette, et que tous les produits sont bien vendus ou employés dans l'intérêt des créanciers, comme il est expliqué dans la partie financière de la présente convention. Aucune restriction ne pourra être apportée à l'exercice de ce droit d'ins-

---

(1) Le contrôleur anglais, nommé par M. Goschen, est M. *Money. C. B.* du service civil de l'Inde.
Le contrôleur français, nommé par M. Joubert, est M. *le comte de Louvencourt*, l'un es directeurs de la Banque de Constantinople.

pection, que les agents et employés de la Daïra sont tenus, au contraire, de faciliter par tous les moyens en leur pouvoir.

Le droit d'inspection des contrôleurs s'exercera sur toutes les opérations de la Daïra faites à partir du 1ᵉʳ janvier 1877.

Art. 18.

Les deux contrôleurs forment, avec le directeur général de la Daïra, un conseil supérieur de la Daïra.

Les décisions du Conseil supérieur seront prises à la majorité des voix.

Art. 19.

Les attributions du Conseil supérieur seront :

1° Celles qu'indiquent les articles 8 et 10 de la partie financière ;
2° Celles qui vont être spécifiées ci-après.

Art. 20.

Toutes mesures entraînant une dépense extraordinaire ou ayant pour but des réformes ou des modifications à apporter à l'organisation ou au système de l'exploitation, devront être préalablement soumises au Conseil supérieur, qui statuera, sauf approbation du Khédive.

Art. 21.

Tous les marchés, achats et ventes à conclure, pour compte de la Daïra, seront réglés par des décisions du Conseil supérieur, sauf approbation du Khédive.

Art. 22.

Le Conseil supérieur pourra, par des délibérations motivées, soumettre à la décision du Khédive la révocation des fonctionnaires de la Daïra.

Art. 23.

A la fin de chaque exercice, le Directeur général de la Daïra présentera au Khédive une situation de l'exercice écoulé; le Conseil supérieur sera chargé de vérifier les comptes de l'exercice et de les approuver, s'il y a lieu, et de présenter au Khédive un rapport sur la situation de la Daïra. Ce rapport sera publié.

Art. 24.

Le contrôle établi par les articles qui précèdent durera jusqu'à l'extinction complète de la dette générale de la Daïra.

Art. 25.

Les frais occasionnés par les présentes conventions seront supportés par la Daïra.

Fait en trois originaux, dont un pour Son Excellence Hassan-Rassem-Pacha ès qualités; un pour Son Excellence M. G. Goschen, et un pour M. Edmond Joubert, en leurs dites qualités.

Au Caire, 12 juillet 1877.

Par ordre de S. A. le Khédive,
Le Directeur général de la Daïra Sanieh,
Signé : HASSAN-RASSEM.

(Cachet.)

Vu pour légalisation du cachet ci dessus de S. Exc. Hassan-Pacha-Rassem, Directeur général de la Daïra Sanieh du Khédive.

Caire, le 14 juillet 1877.

Le Ministre des affaires étrangères,
Signé : CHÉRIF.

(Cachet.)

N° 354.

Seen for the legalization, of the signature of His Excellency Chérif Pasha, Minister for Foreign Affairs to the Egyptian Government and of the seal, of his office.

H. B. M. Chief Consular Court.

Alexandria, 14th July 1877

Signé : Henry H. CALVERT.
H. B. M. Vice-Consul.

(Cachet.)

Vu pour légalisation de la signature ci-contre de S. E. Chérif Pacha, Ministre des affaires étrangères du Gouvernement égyptien.

Alexandrie, le 11 juillet 1877.

Par délégation spéciale de l'Agent et Consul général de France en Égypte.

Le Consul de France,
Signé : GAZAY.

(Cachet.)

Vu et approuvé le contrat ci-dessus, en ce qui concerne les engagements de la liste civile.

A Naples, le 19 juillet 1877.

Par ordre du Khédive,

Le Directeur de la Daïra Khassa de S. A. le Khédive d'Égypte,
Signé : MOHAMED-ZEKI.

(Cachet.)

Vu et approuvé :

Paris, le 27 juillet 1877.

Signé : Ed. JOUBERT.

Vu et approuvé :

Londres, le 30 juillet 1877.

Signé : Geo. J. GOSCHEN.

§ II

Contrat du 13 juillet 1877, relatif à la majoration allouée aux Bons.

Entre :

1° Son Excellence M. G. Goschen ;
2° M. Edmond Joubert,
tous deux agissant dans l'intérêt des porteurs des bons Daïra Sanieh et des bons Daïra sur Mallieh,

D'une part;

Et Son Excellence Mohamed-Zeki-Pacha, directeur de la Daïra Khassa de Son Altesse le Khédive d'Egypte,
agissant au nom et pour compte de ladite Daïra.

D'autre part:

Il a été convenu et arrêté ce qui suit :

Article premier.

Son Altesse le Khédive consent à accorder une majoration de 10 0/0 (dix pour cent) du nominal de leurs titres aux porteurs des bons Daïra, s'élevant à 2,906,150 liv. st., et des bons Daïra sur Mallieh, s'élevant à 4,068,392 liv. st. 16.8.

Art. 2.

Il sera créé un titre spécial du montant de ces majorations, auquel Son Altesse affecte une somme de 50,000 liv., st., prise annuellement sur sa liste civile, jusqu'à l'extinction complète de ces titres, de la manière suivante :

Sur cette somme, il sera servi aux porteurs un intérêt de 5 0/0 par an, payable en deux semestrialités, le 1ᵉʳ janvier et le 1ᵉʳ juillet de chaque année, et le solde des 50,000 livres sterling, après le service de ces intérêts, ainsi que les augmentations qui viendront s'y ajouter, par suite des rachats publics dont il va être parlé, seront employés à l'amortissement.

Art. 3.

Ces titres spéciaux seront délivrés jouissance 1ᵉʳ janvier 1878; partant, le 1ᵉʳ coupon sera payable le 1ᵉʳ juillet 1878.

Art. 4.

La somme de 50,000 livres sterling, affectée sur la liste civile au service des intérêts et de l'amortissement des titres spéciaux qui font l'objet du présent contrat, sera versée par le ministère des finances à la Banque qui sera choisie par Son Altesse le Khédive aux effets des engagements de la liste civile.

Cette somme sera tenue à la disposition de la Daïra Khassa, qui fera les payements des coupons par l'intermédiaire de ladite Banque, et qui procèdera directement aux rachats publics pour les amortissements.

Art. 5.

Les amortissements des titres spéciaux se feront par rachats publics, tant qu'il sera possible de les effectuer au-dessous, ou au cours de 75 0/0.

Les rachats publics devront se faire, pour chaque année, dans le courant de la même année.

Le jour où les rachats publics ne pourraient pas s'effectuer à ce cours ou au-dessous, les amortissements se feront par tirages au taux de 75 0/0.

Fait en trois originaux, dont un pour Son Excellence Mohamed-Zeki-

Pacha ès qualités, un pour Son Excellence M. G. Goschen, et un pour M. Edmond Joubert en leurs dites qualités.

A Paris, le 13 juillet 1877.

Par ordre de S. A. le Khédive,

Le Directeur de la Daïra Khassa.

Signé : MOHAMED-ZEKI.

(Cachet.)

Vu et approuvé :

Londres, le 30 juillet 1877.

Signé : Geo. J. GOSCHEN.

Vu et approuvé :

Paris, le 31 juillet 1877.

Signé : Ed. JOUBERT

www.ingramcontent.com/pod-product-compliance
Lightning Source LLC
Chambersburg PA
CBHW070258100426
42743CB00011B/2262